ਘਟ

地势坤，君子以厚德载物。

超有趣的中国史

1

从秦始皇到武则天

历史氪————著

中国友谊出版公司

图书在版编目（CIP）数据

超有趣的中国史. 1，从秦始皇到武则天 / 历史氪著
. -- 北京：中国友谊出版公司，2023.5
ISBN 978-7-5057-5564-2

Ⅰ. ①超… Ⅱ. ①历… Ⅲ. ①中国历史—秦代-唐代
—通俗读物 Ⅳ. ①K209

中国版本图书馆CIP数据核字（2022）第161341号

书名	超有趣的中国史. 1，从秦始皇到武则天
作者	历史氪
出版	中国友谊出版公司
发行	中国友谊出版公司
经销	新华书店
印刷	三河市嘉科万达彩色印刷有限公司
规格	880×1230毫米　32开
	11.125印张　200千字
版次	2023年5月第1版
印次	2023年5月第1次印刷
书号	ISBN 978-7-5057-5564-2
定价	55.00元
地址	北京市朝阳区西坝河南里17号楼
邮编	100028
电话	（010）64678009

如发现图书质量问题，可联系调换。质量投诉电话：010-82069336

目录 🔍 ⊕

群聊机器人

第一章

群聊机器人

大秦王朝

秦始皇嬴政

公元前210年

系统提示：秦始皇嬴政进入群聊

群聊机器人

> 他十三岁即王位，平定长信侯嫪毐的叛乱，之后又除掉权臣吕不韦，开始独揽大政。他自公元前230年至公元前221年，先后灭韩、赵、魏、楚、燕、齐六国。他认为自己功过三皇五帝，采用三皇之"皇"、五帝之"帝"构成"皇帝"的称号。他设立三公九卿；废除分封制，代以郡县制；书同文，车同轨，统一度量衡；修筑万里长城。没错，他就是我们的第一位皇帝：秦始皇嬴政。

知识点

秦始皇嬴政

> 这是哪里啊？我难道还没死吗？这就是长生不老吗？

秦始皇嬴政

> 没人吗？

群聊机器人

> 这里是皇帝群。您是第一位皇帝，所以就先进来了。等后面的皇帝去世了都会被拉进来。

秦始皇嬴政

> 这样子啊……

公元前207年
系统提示：秦二世胡亥进入群聊

秦始皇嬴政

三年了，总算有人来了。

秦始皇嬴政

等等，怎么是胡亥啊？

秦二世胡亥

父皇，我好苦啊！

秦始皇嬴政

皇位我不是传给扶苏了吗？怎么会是你？！

秦二世胡亥

赵高和李斯合谋假传圣旨，让兄长自杀，让我当上了皇帝。后来我受了赵高的蛊惑，杀害了蒙毅和蒙恬。

知识点

秦始皇嬴政

你是个憨憨吗？

秦始皇嬴政

那你怎么这么快就进入群聊了？

秦二世胡亥

您去世没多久就有人造反了，赵高却骗我说问题不大。后来赵高杀了李斯，并且谋反，把我也杀了。

秦二世胡亥

还不知道我们大秦现在怎么样了。

秦始皇嬴政

什么？我好不容易建立起来的大秦王朝，就要毁于一旦了吗？！

秦二世胡亥

都怪赵高啊！

秦始皇嬴政

赵高？看来我终究还是错付了啊！

群聊机器人

第二章

群聊机器人

西汉的兴盛

汉高祖刘邦

公元前195年

系统提示：汉高祖刘邦进入群聊

秦始皇嬴政

怎么回事？你是谁？

汉高祖刘邦

哟，这不是始皇帝吗？好家伙，当初你南巡的时候，我还只能躲起来看你，没想到现在我们却在这里相遇了。

秦始皇嬴政

你是哪位？

汉高祖刘邦

我是大汉皇帝刘邦。

秦始皇嬴政

大汉？

汉高祖刘邦

对呀，你们大秦早没了，就传到了二世。秦二世胡亥死后，子婴继位也只是称秦王。

知识点 ▶

秦始皇嬴政

你觉得我会信吗？我大秦这么猛怎么可能会灭亡？！

汉高祖刘邦

你就自己幻想吧，项羽进入咸阳后，屠戮咸阳，火烧阿房宫，生灵涂炭呀！

秦始皇嬴政

啊啊啊啊！不是吧，我的阿房宫啊！好贵的啊！

秦始皇嬴政

项羽？项 —— 项燕？

汉高祖刘邦

对呀，他就是项燕的孙子。

秦始皇嬴政

"楚虽三户，亡秦必楚"，不会吧？

秦二世胡亥

大秦就败在我的手里了吗？

汉高祖刘邦

哟，二世也在啊，当初还没到咸阳你就被赵高给杀了，无缘相见啊。要不是你那么昏庸，只听赵高的话，尽戮秦宗室、沉迷酒色、不理朝政，让赵高掌权，我还不一定能做成皇帝呢。谢谢啊！

秦始皇嬴政

胡亥，这些你怎么没有跟我说？

秦二世胡亥

父皇，这……我怕你责怪我。

汉高祖刘邦

偷偷告诉你，其实扶苏的事他也有参与的。你说谁会不想当皇帝啊，是吧？

秦二世胡亥

秦始皇嬴政

秦始皇嬴政

扶苏啊！苏啊！儿啊！

秦二世胡亥

那个，父皇，还有一事也没跟你说，其实阿房宫到我自尽的时候还没建成。

秦始皇嬴政

效率这么低吗？

秦二世胡亥

因为要给您修建皇陵，又遇到叛乱啥的。

秦始皇嬴政

@汉高祖刘邦 你还说项羽烧了阿房宫，害得我以为都建好了呢。

汉高祖刘邦

我也只是听说项羽把你的宫殿烧了，还烧了三个月。

群聊机器人

阿房宫确实没有建成。有人认为阿房宫没有被烧，因为勘测时没有找到大片烧过的痕迹，烧的应该是咸阳宫。也有人认为阿房宫范围很大，有着不同形式的建筑、游乐、交通设施，仅仅对前殿地基遗址勘测还不能轻易否认项羽对阿房宫的"光顾"。

知识点

秦始皇嬴政

@汉高祖刘邦 你是在造谣，你知道不？

秦始皇嬴政

< **华夏皇帝群（4）** ···

公元前188年
系统提示：汉惠帝刘盈进入群聊

汉高祖刘邦

盈儿？你才二十二岁啊！怎么就进来了？

汉惠帝刘盈

都是被母亲吓的啊！

汉高祖刘邦

这是个什么说法？

汉惠帝刘盈

母亲强迫我娶鲁元公主之女张嫣。

汉高祖刘邦

张嫣不是你外甥女吗？

汉惠帝刘盈

对啊！母亲说这样亲上加亲。母亲还把戚夫人残害成"人彘"，然后我看到戚夫人的惨状之后，借酒浇愁而致宿疾，最后抑郁而终。

秦始皇嬴政

我能不能问问，"人彘"是个什么玩意儿？

汉惠帝刘盈

你想不出来的，别去查资料，有点儿小恐怖。

汉高祖刘邦

不是吧，她能这么狠吗？

汉惠帝刘盈

感觉都是被你逼出来的！

汉高祖刘邦

只怪你母亲太有手段了，那如意呢？

汉惠帝刘盈

别提了，我没保住他……我知道母亲会对他下手，特意让他跟我一起住。结果我凌晨外出打猎的时候，他还是被母亲毒害了。如意死后，母亲才对戚夫人下手的。

秦始皇嬴政

@汉高祖刘邦 你老婆真狠啊！

秦始皇嬴政

立什么皇后呢，你看看我，我就没有立。

汉高祖刘邦

谁知道她会变成这个样子。

汉高祖刘邦

那你之后谁会继位啊？

汉惠帝刘盈

应该是恭儿吧，他是我跟宫人生的孩子，母亲却谎称是张嫣所生，还杀了那位宫人。

汉惠帝刘盈

可是他年龄还很小啊！

汉高祖刘邦

突然有点儿不祥的预感。

秦始皇嬴政

邪魅一笑

汉惠帝刘盈

父皇，你不是庙号"太祖"，谥号"高皇帝"吗？怎么叫"汉高祖"啊？

汉高祖刘邦

我也不知道啊……群聊机器人备注的。

群聊机器人

知识点 因为司马迁在《史记》中把谥号跟庙号混用了……所以你就变成高祖了。

汉高祖刘邦

司马迁是谁？

群聊机器人

你后面就会知道了。

< **华夏皇帝群（5）** ...

公元前184年

系统提示：汉前少帝刘恭进入群聊

群聊机器人

知识点 汉前少帝刘恭的本名史籍没有记载，刘恭之名出自海外

012

> 史学著述。

汉惠帝刘盈

恭儿，你现在应该还不满十岁啊，怎么就进来了？

汉前少帝刘恭

父皇，你也在啊，呜呜呜！

汉前少帝刘恭

我知道自己生母已被害，于是口出怨言，扬言长大之后要复仇。

汉惠帝刘盈

你敢说这话？请问你是在自寻死路吗？

秦始皇嬴政

这难道不是脑子进水了吗？

汉高祖刘邦

你怎么生了个这么坦诚的儿子啊！

汉前少帝刘恭

你是哪位？

汉高祖刘邦

??

汉惠帝刘盈

他是你皇爷爷啊，该打！

汉前少帝刘恭

我错了，皇爷爷好！

汉惠帝刘盈

那后来发生了什么？

汉前少帝刘恭

皇祖母把儿臣关在永巷，不久后我就被废黜并暗中被杀害了。

秦始皇嬴政

你低调点儿不好吗？小朋友！

汉前少帝刘恭

是我的问题，自己害了自己啊！

汉惠帝刘盈

那完了，你后面该谁继位啊？

汉前少帝刘恭

不知道啊，我只知道皇祖母的吕氏集团越来越强大了。

汉高祖刘邦

难道说我们汉朝要被她给改朝换代了吗？

秦始皇嬴政

哈哈哈，妙啊！

公元前180年

秦始皇嬴政

来了来了！他来了！让我们来看看他是姓刘还是姓吕。

汉高祖刘邦

我都没激动，你激动啥呢你？

系统提示：汉后少帝刘弘进入群聊

汉后少帝刘弘

呜呜呜……这是个啥地方？

汉高祖刘邦

你也是让吕雉给弄死的？

汉后少帝刘弘

不是啊。

汉惠帝刘盈

那你是怎么没了的？

汉后少帝刘弘

呜呜呜……皇祖母去世了，大臣们说我不是您的亲生儿子，就把我给杀了。

汉惠帝刘盈

这……

汉高祖刘邦
那你的意思是吕氏家族势力被铲除了?

汉后少帝刘弘
对的,这多亏了周勃、陈平等人的努力。

汉高祖刘邦
他们果然还是忠心耿耿啊,那我就很期待他们会拥立谁做皇帝了。

汉后少帝刘弘
应该是代王刘恒!

公元前157年
系统提示:汉文帝刘恒进入群聊

汉高祖刘邦
好家伙,活得挺久啊,恒儿,看来你混得不错啊?

汉文帝刘恒
这还要感谢父皇,要不是您不怎么宠幸我母亲,吕后也不会放过我们,让我们前往代地,不然我也早就被害了,做不成这个皇帝了。

汉惠帝刘盈
四弟!我们大汉怎么样了?

汉文帝刘恒

那肯定被我管理得非常好啊，二哥！我兴修水利，废除肉刑。对待诸侯王，采用以德服人、以武平乱的态度；对待匈奴，采用和亲止战的方式。现在大汉的百姓都富裕起来了。

汉高祖刘邦

@秦始皇嬴政 看看！你快看看，这就是我的儿子！

秦始皇嬴政

懒得理你

公元前141年

系统提示：汉景帝刘启进入群聊

群聊机器人

汉景帝在西汉历史上占有重要地位。

汉高祖刘邦

西汉？我们不是大汉吗？

群聊机器人

哎呀，一不小心说漏嘴了。

汉高祖刘邦

什么意思？

群聊机器人

你后面就知道了，我溜了。

汉高祖刘邦

汉景帝刘启

咦，这不是传说中的皇爷爷吗？爷爷，我要告状！你分封的诸侯王们欺负人！

汉高祖刘邦

我不是都杀得差不多了吗？

汉景帝刘启

我说的是我们老刘家自己人啊！

汉文帝刘恒

好家伙！谁敢欺负我儿子？

汉景帝刘启

知识点

吴王刘濞联合楚王刘戊、赵王刘遂、济南王刘辟光、淄川王刘贤、胶西王刘卬、胶东王刘雄渠等刘姓宗室诸侯王，以"清君侧"为名发动叛乱，你说荒不荒唐？

汉文帝刘恒

他们为什么要打你啊？

汉景帝刘启

因为我采用了晁错的《削藩策》。

汉高祖刘邦

削藩啊，那这就不奇怪了。

汉文帝刘恒

确实，那结局呢？你该不会是被他们打败了，然后才进来的吧。

汉景帝刘启

爹，你别这么看不起自己的儿子啊。我有周亚夫将军，三个月就平定叛乱了。

汉高祖刘邦

这位姓周的将军该不会是……

汉景帝刘启

没错，就是开国功臣周勃的次子。

汉高祖刘邦

不错啊，有他老爹的风范！

公元前87年

秦始皇嬴政

难以置信，这一晃五十几年过去了，你家这么久都还没人来。

汉景帝刘启

那说明我儿子活得久啊！

秦始皇嬴政

确实不像之前那几个，很快就下来了。

汉惠帝刘盈

突然感觉被冒犯到了。

群聊机器人

准备好……那个霸气的男人要来了。

系统提示：汉武帝刘彻进入群聊

群聊机器人

他是历史上第一位使用年号的皇帝。

秦始皇嬴政

年号是个什么玩意儿？

群聊机器人

知识点 ▶ 年号是封建王朝用来纪年的名号。顺便说一句，你废除的庙号跟谥号，在西汉又被恢复了。

汉高祖刘邦

你说的西汉到底是什么啊？

群聊机器人

你别打岔！

汉高祖刘邦

群聊机器人

他在位五十四年，颁行推恩令，加强君主专制与中央集权。他下令禁止郡国铸钱，将铸币权收归中央，钱币称为五铢钱。他"罢黜百家，独尊儒术"。他开疆扩土，北破匈奴，奠定了汉地范围，开辟了"丝绸之路"。他的统治时期史称"汉武盛世"。

知识点

汉景帝刘启

不愧是我儿子，太厉害了吧！

汉武帝刘彻

皇曾祖父、皇伯祖父、皇祖父、父皇，我把匈奴给赶到漠北去了。

汉武帝刘彻

汉高祖刘邦

点赞

汉惠帝刘盈

好羡慕

汉武帝刘彻

多亏了卫青、霍去病这两位将军啊！只是可惜霍去病年仅二十三岁就病逝了，封狼居胥不是谁都能做到的！

汉景帝刘启

这两位将军在哪儿找的？

汉武帝刘彻

卫青是我的皇后卫子夫的弟弟，霍去病是卫子夫的外甥。就问问你们，我的眼光好不好？

汉景帝刘启

不对啊，你的太子妃不是姓陈吗？

汉武帝刘彻

第一任皇后是她，但是我把她给废黜了。因为她身为皇后不守礼法，祈祷鬼神，降祸于他人。

群聊机器人

知识点　典故"金屋藏娇"的女主角就是汉武帝的这位陈皇后。陈皇后本名不详，在典故中名为陈阿娇。

022

群聊机器人

虽然汉武帝年轻时这么优秀，但是晚年暴发了巫蛊之祸……

汉武帝刘彻

停停停，这个你就别说了。

华夏皇帝群（10）

公元前74年
系统提示：汉昭帝刘弗陵进入群聊

汉武帝刘彻

不是吧，儿子！你也太早进来了吧？才过了十三年啊，我去世那会儿你也才八岁啊！

汉昭帝刘弗陵

不好意思，一不小心得病死掉了。好气哦，我都还没开始发挥！

汉武帝刘彻

就不能学学你爹多活几岁？

汉惠帝刘盈

喀喀，这位后辈，请你注意言辞。我知道你活得久，没必要再说一遍了吧。

汉武帝刘彻

群聊机器人介绍呢？你该不会啥都没干吧？

汉昭帝刘弗陵

那怎么可能！霍光真的很好用！

群聊机器人

来了来了。

群聊机器人

知识点 汉昭帝刘弗陵是西汉第八位皇帝，汉武帝刘彻少子，母亲是钩弋夫人。

汉景帝刘启

等等，等等，皇后不是卫子夫吗？

群聊机器人

都说了汉武帝晚年发生了著名的巫蛊之祸，皇后卫子夫、太子刘据因受人诬陷不能自明而起兵，兵败后自尽！

汉武帝刘彻

叫你别说你还说！

汉景帝刘启

你到了晚年就变得这么糊涂了吗？

汉武帝刘彻

我是真的慌了

群聊机器人

知识点 汉昭帝时期击败北方乌桓，平定西南。召开"盐铁会

024

议"，商讨盐铁官营和治国理念等问题。重用大将军霍光，扭转西汉王朝衰退趋势，得以"百姓充实，四夷宾服"。开启了"昭宣中兴"的良好局面。

汉武帝刘彻

不错嘛！

汉昭帝刘弗陵

当初上官桀、燕王刘旦等人谋反的时候还诬陷霍光，但是我选择相信他，他也没让我失望。

汉武帝刘彻

什么？他俩居然还敢谋反？这么胆大包天？

汉昭帝刘弗陵

谁不想当皇帝呢，是吧。@秦二世胡亥

秦二世胡亥

你没事叫我干吗？

秦二世胡亥

爹，怎么办？我们被他们围攻了。

秦始皇嬴政

还不是你自己作的？害得子婴都进不来，他说他只是称王，没有当皇帝。

秦二世胡亥

但是不得不说，子婴能把赵高灭了就很解气。

秦始皇嬴政

嫌弃

公元前59年

系统提示：汉废帝刘贺进入群聊

秦始皇嬴政

你们老刘家进群的速度挺快的啊！

汉武帝刘彻

废帝？

汉废帝刘贺

爷爷！

汉武帝刘彻

你是？

汉废帝刘贺

我是刘贺啊，昌邑哀王刘髆之子。

汉昭帝刘弗陵

原来是五哥的孩子啊。

汉武帝刘彻

怎么是你继位啊，@汉昭帝刘弗陵 你没有孩子吗？

汉昭帝刘弗陵

这……出于某些原因，确实没有子嗣。

群聊机器人

就是霍光为了让上官皇后得到专宠，不许后宫妃嫔进御，并命令宫女穿"穷绔"，以防范昭帝跟宫女偶生暧昧。

汉昭帝刘弗陵

就你话多！

群聊机器人

有人会问"穷绔"是什么，就是有前后裆、系带很多的一种内裤，不方便解开。

秦始皇嬴政

太惨了吧！

汉废帝刘贺

叔叔，你这皇帝当的……我就说你怎么会没子嗣，原来是这样！

汉昭帝刘弗陵

大汉现在怎么样了，匈奴还有来犯吗？

汉废帝刘贺

这个我不懂欸，我就当了二十七天的皇帝！

秦二世胡亥

哈哈哈哈哈哈哈哈哈！爹，你快看，这个人比我还不行啊。

秦始皇嬴政

别丢人，快给我回去抄一百遍《商君书》。

群聊机器人

知识点 汉废帝刘贺是西汉历史上在位时间最短的皇帝，因荒淫无度、不保社稷而被霍光废为庶人。

汉武帝刘彻

你一直说西汉西汉的，我们大汉怎么就变成西汉了？

汉高祖刘邦

我已经问了很多次了，它就是不说。

群聊机器人

都说后面你们就会知道了。

汉废帝刘贺

我太惨了，霍光让我当皇帝，后面还废了我，短短二十七天经历了天堂与地狱。

汉昭帝刘弗陵

该！我好不容易把我爹败光的家底给慢慢挣回来，可不能让你再败光了！

汉武帝刘彻

赶紧给老子撤回，让你爷爷看到了就完了。

汉昭帝刘弗陵

好好好。

汉景帝刘启

我已经看到了。

汉武帝刘彻

我是真的愣了

汉昭帝刘弗陵

那后面是谁当皇帝啊？

汉废帝刘贺

是大伯刘据的孙子刘询，他后来还让我当海昏侯。

汉武帝刘彻

最后能让刘据的血脉当皇帝，也算弥补我的遗憾了！

群聊机器人

关于刘贺我补充一点：2016年3月2日，江西省南昌市海昏侯墓墓主得到确认，就是第一代海昏侯汉废帝刘贺。

知识点

公元前48年

系统提示：汉宣帝刘询进入群聊

群聊机器人

我跟你们说啊，这个人了不得哦！

汉武帝刘彻

那毕竟是我的曾孙，有我的血脉肯定了不得！

秦始皇嬴政

哦，是吗？你先看看之前进来的刘贺再说话吧。

汉武帝刘彻

那个是意外。

群聊机器人

他原名刘病已，巫蛊之祸之后，襁褓中的他被收系郡邸狱。

知识点

汉武帝刘彻

然后我颁布遗诏，将刘病已收养于掖庭，并令宗正将刘病已录入皇家宗谱。

群聊机器人

来来来，你来说。

汉武帝刘彻

你说你说，后面的事我哪儿知道。

群聊机器人

他等到霍光去世后，清除霍光势力，重视选贤任能，贤臣循吏辈出，形成"麒麟阁十一功臣"。

知识点

汉宣帝刘询

此处需要说明一点，这不是忘恩负义哦，是因为他家势力太大了。

汉废帝刘贺

其实你是怕霍光吧？哈哈哈哈……

汉宣帝刘询

看到你被废，我能不慌张吗？

群聊机器人

这时候就要给大家科普一个成语了，"如芒在背"，形容极度不安，就是出自汉宣帝对霍光的忌惮。

汉武帝刘彻

那个"麒麟阁十一功臣"是什么？

汉宣帝刘询

就是匈奴归降大汉时，我回忆往昔辅佐我的有功之臣时，顺便让人画了十一位功臣像于麒麟阁以示纪念和表扬。

汉武帝刘彻

什么！匈奴归降了？

汉高祖刘邦

秦始皇嬴政

群聊机器人

又到了我出场的时候了。

群聊机器人

知识点

公元前72年，西汉联合乌孙国大破匈奴，公元前51年，匈奴呼韩邪单于率众来朝称臣。公元前60年，西汉平定西羌，设置金城安置降羌，设立西域都护府监护西域各国，正式将西域纳入大汉版图。

汉废帝刘贺

汉武帝刘彻

不得了，不得了。

秦始皇嬴政

其实哦，给我时间说不准我也可以做到。

032

汉高祖刘邦

你可别废话了，你的时间不是只顾着寻找长生不老药了吗？

秦始皇嬴政

不好意思，我就是怕死！

群聊机器人

汉宣帝那会儿综合国力极为强盛，史称"孝宣之治"或者"孝宣中兴"。

知识点

秦始皇嬴政

一看就是家底被你@汉武帝刘彻 给败光了，要子孙来拯救。

群聊机器人

在以制定庙号和谥号严格而著称的西汉王朝，刘询与汉高祖、汉文帝、汉武帝并列拥有庙号的四位皇帝。

汉高祖刘邦

你这句话有点儿问题，难道我们后代这么多人就没人能有庙号了？你一直在说西汉西汉，难不成后面还会有个东汉吗？等等……难道说……

群聊机器人

当我没说

群聊机器人

第三章

群聊机器人

西汉的衰亡

新朝开国皇帝王莽

公元前33年

系统提示：汉元帝刘奭进入群聊

汉宣帝刘询
> 儿啊，你没有把我们大汉江山败光吧？

汉元帝刘奭
> 怎么可能哦，我还把匈奴灭了呢。

汉宣帝刘询
> 就凭你？

知识点

汉元帝刘奭
> 匈奴内部集团出现了权力之争，分为了南、北两派。西域太守甘延寿、陈汤对北匈奴发动攻击，获得大胜。南匈奴称臣还想当女婿，我就整了出"昭君出塞"。

汉武帝刘彻
> 哎哟，不愧是我的后代啊，像我像我。

群聊机器人
> 我想说一句，就是从汉元帝开始，大汉走向了衰落。

汉元帝刘奭
>

汉宣帝刘询

我需要一个解释。

汉元帝刘奭

我就只是宠信宦官，导致皇权式微，朝政混乱不堪……

汉宣帝刘询

我看你就是欠抽了。

汉宣帝刘询

脸给你打歪

< **华夏皇帝群（14）** ···

公元前7年
系统提示：汉成帝刘骜进入群聊

汉宣帝刘询

我的骜儿来了啊？

汉成帝刘骜

你是哪位？

汉元帝刘奭

欠打啊！快叫皇爷爷。

汉成帝刘骜

皇爷爷好！

汉宣帝刘询

你有没有把你父皇的弊政改了啊？

汉成帝刘骜

什么弊政？

汉宣帝刘询

就是宠信宦官。

汉成帝刘骜

改了呀，我重用外戚。

汉高祖刘邦

什么？你这是来气我的吧！

汉宣帝刘询

你们父子，绝了，真的绝了！

汉成帝刘骜

问题不大，别慌张啊。

汉成帝刘骜

我跟你们说，我的第二任皇后赵飞燕，独创的"掌上舞""踽步"那才是真的绝！

汉宣帝刘询

嫌弃

华夏皇帝群（15）

公元前1年

系统提示：汉哀帝刘欣进入群聊

汉哀帝刘欣

哎呀妈呀，大家都在呀！我应该是叫你父皇还是皇伯伯啊@汉成帝刘骜。

汉元帝刘奭

什么意思？

汉哀帝刘欣

皇爷爷，我是定陶恭王刘康的儿子。由于皇伯伯@汉成帝刘骜 的四个孩子全部夭折，他们就让我继位了。

汉成帝刘骜

我算了算你现在也才二十五岁，怎么就进来了？

汉哀帝刘欣

这不好说出口啊，就是纵欲过度……没有子嗣，太子也没立……感觉不太妙。

汉高祖刘邦

真有你的！

群聊机器人

偷偷说下，"断袖之癖"说的就是汉哀帝跟董贤哦，大家自己查资料。

华夏皇帝群（16）

公元6年

系统提示：汉平帝刘衎进入群聊

汉哀帝刘欣

皇弟，没想到居然是你啊！

汉平帝刘衎

皇兄，你一去世，太皇太后就把董贤撤职，改任王莽为大司马，然后董贤就自尽了。

汉哀帝刘欣

我的董贤……那你怎么就进来了，我记得你才十四五岁吧？

汉平帝刘衎

我也不知道自己是怎么死的，有人说是王莽把我给毒害了。

汉平帝刘衎死后，王莽立汉宣帝的玄孙刘婴为皇太子，自己为"假皇帝"暂代天子朝政，西汉到此结束……

知识点

华夏皇帝群（17）

公元23年
系统提示：新朝开国皇帝王莽进入群聊

汉高祖刘邦

什么意思？新朝？所以真的就变成西汉了吗？

新朝开国皇帝王莽

好啊，你们老刘家真的过分啊，举报你们打不过就开挂！

秦二世胡亥

不懂就问，挂是什么？

秦始皇嬴政

你出来干吗？书抄完了没？回去接着再抄一百遍！

新朝开国皇帝王莽

挂就是……怎么说呢，你见过二万人打赢四十二万人的军队吗？

汉高祖刘邦

见过。

新朝开国皇帝王莽

汉高祖刘邦

当初项羽三万人就击败了我五十六万人的汉军。

秦始皇嬴政

项家果然还是勇猛的啊!

汉武帝刘彻

逆臣!人人得而诛之!

新朝开国皇帝王莽

还不是你们老刘家接连出昏君。我也是被推上位的,他们都说我是"真命天子"哪!

汉武帝刘彻

你也算?还夺我汉室江山!

新朝开国皇帝王莽

你们可以夺秦朝江山,还恬不知耻地黑别人!双标哦。

秦二世胡亥

就是就是!

公元25年

系统提示：更始帝刘玄进入群聊

群聊机器人

公元23年，刘玄称帝，复国号汉，定都南阳，史称"玄汉"。

知识点

汉高祖刘邦

我们大汉也不是很安稳啊。

群聊机器人

"玄汉"政权也就存在了两年！

秦始皇嬴政

哈哈哈哈哈哈，没排面啊。

更始帝刘玄

你们大秦也没几年嘛。

秦始皇嬴政

好家伙，这里都没人敢这么跟我说话，你居然敢这么嚣张？

群聊机器人

你什么时候能这么硬气了啊？我记得当初绿林军立你为帝不就是看你性格怯弱比较好控制吗？

更始帝刘玄

胡说！

群聊机器人

不然皇帝还轮得到你当？还不是刘縯不得已才让给你的。

更始帝刘玄

那我是不是还得谢谢刘縯了？

群聊机器人

哼，你少说两句吧，你设计杀害刘縯，小心刘秀进来了找你算账！

更始帝刘玄

@群聊机器人 那是不是刘盆子也要进来啊？

群聊机器人

本机觉得他不算。

群聊机器人

第四章

群聊机器人

东汉王朝

汉光武帝刘秀

公元57年

系统提示："位面之子、大魔导师"汉光武帝刘秀进入群聊

汉高祖刘邦

> 这人怎么进群自带这么多称号啊！

新朝开国皇帝王莽

> 快看，开挂的人进来了！

汉高祖刘邦

> 所以说他是光复我们汉室了吗？难怪一直说我们是西汉，这个想都不用想，肯定是东汉！

群聊机器人

> 哎哟喵，脑子蛮灵光的嘛。

汉光武帝刘秀

> 各位祖宗好，我是汉高祖刘邦九世孙，汉景帝刘启之子长沙定王刘发后裔。

汉高祖刘邦

> 这血脉还算纯正！

汉景帝刘启

> 刘发啊，我记得刘发的母亲是我妃子程姬的侍女。当初我酒后想临幸程姬来着，结果她正逢月事。程姬就叫她的侍女来代替她侍寝。我喝醉了没认出来，就同房了。那一夜之后，那侍女就怀有身孕了，生下了刘发。

汉光武帝刘秀

哟，王莽也在啊！

新朝开国皇帝王莽

不想跟开挂的人讲话！

汉光武帝刘秀

我真没有啊！

新朝开国皇帝王莽

你就说说昆阳之战，天上掉流星来吓我们是什么意思？还有，凭什么你打我的时候就刚好打雷下雨刮大风？是不是知道"主角光环"即将生效了？

汉光武帝刘秀

你看看我的名字就知道了，刘秀、刘秀肯定比较秀啊。

汉高祖刘邦

不愧是你啊，秀儿！

新朝开国皇帝王莽

汉光武帝刘秀

老王，你先别说我，听说你也有称号，叫啥"穿越者"，你那超前卫的改革措施，还有那最离谱的青铜卡尺，是我们能想得出来的吗？能不能解释解释？

新朝开国皇帝王莽

为什么叫"超前卫改革"，我那明明是复古改革！

新朝开国皇帝王莽

溜了溜了

新朝开国皇帝王莽

@秦始皇嬴政 偷偷跟你说，你的传国玉玺被汉元帝刘奭的皇后，汉成帝刘骜的生母，我的姑姑王政君砸在了地上，致使传国玉玺上的螭碎了一角。

秦始皇嬴政

你说什么……你再说一遍！

新朝开国皇帝王莽

你的传国玉玺碎了个角。

秦始皇嬴政

当场去世

秦始皇嬴政

啊啊啊啊啊啊！你们怎么可以这么不珍惜历史文物！

秦二世胡亥

爹，咱家值钱的宝贝怎么都是这么个下场？

新朝开国皇帝王莽

我也有责任，毕竟是我篡汉把她惹生气了。

秦始皇嬴政

生气就生气嘛，摔什么东西啊，这种不理智的行为，同学们不能学习哦。

汉光武帝刘秀

突然想起来，老王啊，你说说你是不是没事干？总是乱改地名，要改也改个好听点儿的啊。

秦始皇嬴政

他改了啥？

汉光武帝刘秀

南阳、河内、颍川、弘农、河东、荥阳六个郡，全改名了，南阳叫"前队"，河内叫"后队"，颍川叫"左队"，弘农叫"右队"，河东叫"兆队"，荥阳叫"祈队"，合称豫州六队。

汉高祖刘邦

改的是什么鬼东西！

新朝开国皇帝王莽

你们的思想不行，跟不上我。

汉光武帝刘秀

确实，把土地国有化，私人不得买卖；改奴婢为"私属"，也不得买卖。也就只有你会这样改革了！

群聊机器人

知识点 其实，王莽被一些史学家誉为"中国历史上第一位社会改革家"，认为他是一个有远见而无私的社会改革者。

新朝开国皇帝王莽

你写什么我看不懂，我只是想恢复周朝的制度。

新朝开国皇帝王莽

@汉光武帝刘秀 那你呢？你都做了啥？

汉光武帝刘秀

知识点 我称帝后就开始了长达十二年的东汉统一战争。还有，我在政治上，提倡"柔道"治国，改革官制，整饬官风吏治，精简机构，优待功臣；在经济上，休养生息，恢复发展经济；在文化上，大兴儒学，推崇气节，开创"光武中兴"时代。

群聊机器人

好家伙，句句都是考点，同学们好好记笔记！

汉光武帝刘秀

那可不。

群聊机器人

你不是还有一句名言吗？怎么没说？

汉光武帝刘秀

什么名言啊？

群聊机器人

"娶妻当得阴丽华"啊！

新朝开国皇帝王莽

好羡慕

< **华夏皇帝群（20）** ···

公元75年

系统提示：汉明帝刘庄进入群聊

汉光武帝刘秀

哟，吾儿来了呀。

汉明帝刘庄

父皇，儿臣没让您失望！在我去世的前一年，我击败了北匈奴，西域与中原断绝关系六十五年后又恢复了正常交往。

知识点

汉高祖刘邦

看来我大汉的人才还是非常多的嘛，说的是谁，我就不一个个点名了啊。

汉明帝刘庄

我吸取了长辈们的教训，严防外戚，打击宗室。

汉明帝刘庄

我还派人去西域广求佛像及经典呢。

群聊机器人

知识点 佛教传入中国的确切年代尚无定论，最广泛的说法就是汉明帝时期。汉明帝还在洛阳建立了第一座官办寺庙——白马寺。

< **华夏皇帝群（21）** ···

公元88年

系统提示：汉章帝刘炟进入群聊

汉明帝刘庄

不是吧，阿炟，你才三十二岁啊，这就进来了？是发生了什么变故吗？

汉章帝刘炟

我不知啊！就是这么突然！

汉高祖刘邦

你这么早进来，可有留下子嗣啊？

汉章帝刘炟

有的呀，一个九岁的娃娃应该不小了吧？

汉惠帝刘盈

爹，感觉不太妙了啊。

汉高祖刘邦

不能有这样的想法，千万不能！

汉明帝刘庄

儿啊，你这十三年都做了啥？

汉章帝刘炟

就该干吗干吗呗，实行"与民休息，好儒术"；派班超出使西域，使得西域地区重新称藩于汉。

知识点

群聊机器人

汉明帝与汉章帝统治时期合称"明章之治"。

汉章帝刘炟

你瞅瞅，说明我管理得非常好！

汉章帝刘炟

还有我写的字，不得了哦！我不仅是皇帝，还是个书法家呢。

群聊机器人

后世流行的"章草"，据说就是由于刘炟的爱好而形成的一种书体。

知识点

汉章帝刘炟

瞅瞅！你们再瞅瞅！

汉明帝刘庄

嫌弃

华夏皇帝群（22）

公元106年

系统提示：汉和帝刘肇进入群聊

汉和帝刘肇

爹，我来了。难以置信，这里居然还有这么多个祖宗！

汉高祖刘邦

孩子，你这么早进来是不是受委屈了？

汉和帝刘肇

没有啊，我过得非常好！

汉惠帝刘盈

汉和帝刘肇

知识点

是不是觉得我年龄小会被当成傀儡？那么，你们可就大错特错了。区区外戚，我十四岁的时候就联合清河王刘庆以及宦官郑众扫灭了窦氏戚族。

汉章帝刘炟

看看，这就是我儿啊，哈哈哈哈哈哈 ——

汉和帝刘肇

不是我吹哦，我把东汉的国力发展到了极盛！我觉得比汉宣帝那会儿还要强大！

汉宣帝刘询

在长辈们面前要低调点儿。

群聊机器人

汉和帝统治时期称为"永元之隆"，他比起汉光武帝有过之而无不及！

知识点

汉和帝刘肇

都说要低调点儿了，你还这么夸我！

汉章帝刘炟

那你怎么这么早就进来了？

汉和帝刘肇

就病逝了啊 …… 天妒英才啊！！！

< **华夏皇帝群（23）** ···

系统提示：汉殇帝刘隆进入群聊

秦始皇嬴政

同一年来两个？

汉和帝刘肇

我这儿子不是才出生没几天吗⋯⋯我有好多个皇子，但大都夭折了，本以为是宦官、外戚所为，便将剩余的皇子留在民间抚养，没想到啊⋯⋯

群聊机器人

知识点 汉殇帝刘隆是中国历史上继位年龄最小的皇帝，登基时刚满百天，不满周岁便夭折。

汉和帝刘肇

< **华夏皇帝群（24）** ⋯

公元125年

系统提示：汉安帝刘祜进入群聊

汉高祖刘邦

这位是？

汉安帝刘祜

我是汉章帝刘炟之孙，清河孝王刘庆之子。

汉和帝刘肇

我还以为会是三哥当皇帝，没想到是你！

汉安帝刘祜

父亲在我即位四个月后就去世了。

汉章帝刘炟

那么你是怎么死的?

汉安帝刘祜

就是南下游玩的时候,病逝了……

秦始皇嬴政

这个跟我情况一样嘛。

汉安帝刘祜

我是想嘱咐后事的,可是已经说不出话来了。

秦始皇嬴政

太子立了没?

汉安帝刘祜

立了,但是又被我给废了。

秦始皇嬴政

哦,牛啊,哈哈哈哈!所以现在是没有太子的情况喽,你完了。

汉安帝刘祜

不一定吧,即使我没有立,他们也知道要立谁!

秦始皇嬴政

是吗？我这个前车之鉴在这边呢。

汉安帝刘祜

走开走开，谁会像你啊！

系统提示：东汉前少帝刘懿进入群聊

秦始皇嬴政

你看看，你看看。

汉高祖刘邦

通过之前的经验我们可以得出一个结论，后面应该还有个后少帝。

群聊机器人

你这就开始盲猜历史了？

汉章帝刘炟

这个孩子是谁的？

群聊机器人

这还是你的孙子呀，济北惠王刘寿之子，在位没有几个月就因病去世了。

秦始皇嬴政

@汉高祖刘邦 这我就要说说你了，你看看你们家有多少个年纪轻轻就病逝的，你瞧瞧你这个祖宗遗传的是什么啊？

秦始皇嬴政

邪魅一笑

汉高祖刘邦

那肯定不是我的问题！

公元144年

系统提示：汉顺帝刘保进入群聊

汉安帝刘祜

我就知道你可以的！我的保！

汉顺帝刘保

可以个锤锤啊。那会儿我才十一岁，我的皇位是靠宦官得来的，所以要将大权交给宦官。后来宦官又与外戚梁氏勾结，开始了长达二十多年的梁氏专权。

汉高祖刘邦

天哪！外戚怎么又来了？！

公元145年

系统提示：汉冲帝刘炳进入群聊

汉顺帝刘保

我的儿啊！你还不到三岁怎么就进来了？！

群聊机器人

他是因病去世的……

公元146年

系统提示：汉质帝刘缵进入群聊

秦始皇嬴政

你们老刘家可以啊，这群里娃娃可是越来越多了。

汉高祖刘邦

群聊机器人

这位是汉章帝刘炟的玄孙，汉冲帝病逝后，在外戚权臣梁冀拥立下，即位为帝，而后又被梁冀所毒害，年仅九岁。

知识点

汉高祖刘邦

外戚啊外戚！

华夏皇帝群（29）

公元168年

系统提示：汉桓帝刘志进入群聊

汉高祖刘邦

还好还好，这天下还在我们大汉手上。

汉高祖刘邦

你也是被外戚给弄死的吗？

汉桓帝刘志

不是啊，我可是把梁冀及其党羽给铲除了呢！

汉高祖刘邦

哦？你是怎么做到的？

汉桓帝刘志

我本来只是来洛阳成亲的，结果就被拉进去当皇帝了。说是当皇帝，其实就是当傀儡，这一当就是十三年。

秦始皇嬴政

别废话，讲重点。

汉桓帝刘志

好嘞，我本来想跟梁冀好好相处，可是他越来越过分，我只能想办法铲除他。我就在厕所里会见了几个宦官，和他们商议政变计划，我称之为"厕所政变"！

秦始皇嬴政

果然，厕所是个很安全的地方啊！

汉桓帝刘志

二十八岁时我才真正掌权，这样的感觉真的太爽了！

群聊机器人

知识点 确实，外戚被铲除后，宦官就开始掌权了。

汉桓帝刘志

我不是抑制了宦官五侯吗？！

群聊机器人

那还有其他宦官呀，而且士大夫们反对宦官，结果李膺等二百余人被捕，这就是第一次"党锢之祸"。

汉高祖刘邦

快来人，把他拖出去！

群聊机器人

不只这些哦，他还公开卖官鬻爵哦。

汉光武帝刘秀

我的东汉为什么会变成这个样子？！

新朝开国皇帝王莽

还不是因为你开挂，报应来了吧！

华夏皇帝群（30）

公元189年

系统提示：汉灵帝刘宏进入群聊

汉灵帝刘宏

@汉桓帝刘志 你为何托梦于我？

汉桓帝刘志

我什么时候托梦于你了？你可真搞笑。

汉灵帝刘宏

你还在梦里批评了我的罪孽。

汉桓帝刘志

我说了啥？

汉灵帝刘宏

说刘悝和我的宋皇后在天上哭诉他们无辜被害，天帝震怒，我的罪孽难以挽救。

群聊机器人

插一句话，这两人说的是逸事典故"夜梦桓帝"。

汉桓帝刘志

你居然敢害我弟弟？！

汉灵帝刘宏

懒得理你

汉高祖刘邦

看着你们聊天，我有点儿昏头了。

汉灵帝刘宏

我也不是什么都没做啊，刻《熹平石经》、办鸿都门学、设西园八校尉……

群聊机器人

知识点

那你卖官鬻爵、实施党锢及宦官政治，甚至把宦官张让与赵忠二人比作自己的父母，该怎么解释呢？！

汉光武帝刘秀

不行了，看不下去了，不是很想承认他们是我的后代了。

群聊机器人

汉灵帝刘宏在位晚期爆发了黄巾起义……他们要来了。

公元190年

系统提示：东汉后少帝刘辩进入群聊

汉灵帝刘宏

怎么会是你？不应该是刘协当皇帝吗？

东汉后少帝刘辩

爹，你就这么不喜欢我吗？

汉灵帝刘宏

你轻佻无威仪，不可为人主。

秦始皇嬴政

你还好意思说别人吗？

东汉后少帝刘辩

就是就是！

东汉后少帝刘辩

反正我到后来也是被董卓给废黜了，他立了刘协为帝，你满足了吧！

汉光武帝刘秀

什么意思？他们想废谁就废谁，想立谁就立谁的吗？

汉桓帝刘志

都是傀儡罢了。

知识点 东汉后少帝刘辩也是东汉唯一被废黜的皇帝。

东汉后少帝刘辩

你没必要再说一遍吧？

东汉后少帝刘辩

我被废黜一年后，就在董卓的胁迫下自尽了。反正现在我们东汉已经乱套了哦。

汉灵帝刘宏

就等协儿进来了。

12:03

群聊机器人

第五章

群聊机器人

三国鼎立

魏武帝曹操

公元220年

系统提示：魏太皇帝曹嵩和魏武帝曹操进入群聊

汉灵帝刘宏

汉光武帝刘秀

我大汉呢？

汉高祖刘邦

这是什么意思？

群聊机器人

这一年曹操去世了，他的儿子曹丕继任汉朝丞相、魏王。同年，曹丕让刘协禅位给自己，登基为皇帝，以魏代汉！

知识点

群聊机器人

你们汉朝四百多年的统治就到这里结束啦，我知道你们现在心情很不爽，但是请勿刷屏哦。

魏武帝曹操

没想到丕儿效率这么高啊！

新朝开国皇帝王莽

给力！

魏武帝曹操

那不对啊，我又没当皇帝，我跟我爹是咋进来的？

群聊机器人

曹丕给你们追加的谥号呀。

魏太皇帝曹嵩

没想到我一个普通人，居然还能进皇帝群！我何德何能啊？！

秦始皇嬴政

你儿子生得好啊！

魏太皇帝曹嵩

那确实哦，再看看东汉最后这几个。

魏太皇帝曹嵩

嫌弃

秦始皇嬴政

这个嘲讽能力不一般啊。

汉高祖刘邦

汉朝跟你们势不两立！

魏武帝曹操

有一说一！我一直都是汉臣啊！！！又不是我篡位，你别找我，找我儿子去！

魏武帝曹操

偷偷告诉你们，在巴蜀那儿有个叫刘备的，他一直想匡扶汉室。你们还有机会。

既然大汉王朝已经完结了，有个问题值得讨论一下，为什么东汉的皇帝寿命都这么短啊？自己瞅瞅。

汉光武帝刘秀

我也在思考，我可是活到了周岁六十二虚岁六十三呢！这锅我可不背。

汉高祖刘邦

你们可别扯到我这个老祖宗身上，我也活挺久的。

汉武帝刘彻

我可活到七十多呢。

秦始皇嬴政

我看了眼聊天记录，好像从汉章帝开始就不对劲了哦。

汉章帝刘炟

为什么这锅都能甩给我?

群聊机器人

你那会儿就开始近亲联姻了呀，皇帝跟皇后一般都是表亲关系。

汉章帝刘炟

西汉也有啊!

汉光武帝刘秀

这好像也有点儿道理，难道不是你们的问题，而是你们的皇后有问题？

汉高祖刘邦

瞅瞅你们选的皇后，不仅外戚专权，居然还把身上的毛病遗传下来了！

秦始皇嬴政

还是说你们当了皇帝之后纵欲过度？

群聊机器人

那不是还有小朋友也英年早逝的吗？

秦始皇嬴政

好像也是，你们东汉皇帝要是长寿一点儿，不让娃娃上位，外戚跟宦官专权估计就没那么多喽。

汉高祖刘邦

现在说那么多有什么用！我大汉都没了！

秦始皇嬴政

放轻松，跟我一起吃瓜吧。

秦二世胡亥

爹，我也想吃……

秦始皇嬴政

我让你出来了？回去接着抄书去！

魏武帝曹操

突然想到刘协怎么还没进群啊，这家伙活得挺久啊。

华夏皇帝群（34）

公元223年

系统提示：汉昭烈帝刘备进入群聊

魏武帝曹操

哟，玄德，你也进来了啊？

汉高祖刘邦

天不亡我大汉啊！

魏武帝曹操

玄德，你还不快来认祖宗？

汉昭烈帝刘备

各位祖宗好！我是汉景帝刘启之子中山靖王刘胜的后裔。

汉武帝刘彻

居然是九哥的后代！

汉景帝刘启

你们瞧瞧！我的六儿子刘发的后代是东汉开国皇帝，现在九儿子的后代是……@汉昭烈帝刘备 现在是什么政权来着啊？

汉昭烈帝刘备

回祖宗，我这儿是蜀汉。

秦始皇嬴政

又多了个汉，给力！

汉景帝刘启

看来还是需要我来拯救大汉啊。

汉高祖刘邦

孙子，你在装什么呢？搞得像你们不是我后代一样？嗯？

汉景帝刘启

你别骂人啊……

汉高祖刘邦

我有说错吗？我不是你爷爷吗？

汉景帝刘启

对哦，不好意思，突然没反应过来。

汉昭烈帝刘备

祖宗们讲话还真幽默呀。

汉武帝刘彻

所以现在是个什么情况，我们大汉又复辟了？

汉昭烈帝刘备

现在天下是三足鼎立的情况，目前我也就只是占据了巴蜀。别慌，我有军师诸葛亮！他会继承我的北伐遗愿，帮我们把大汉江山打回来的！

魏武帝曹操

可拉倒吧玄德，你有诸葛亮，我还有司马懿呢！

汉昭烈帝刘备

司马懿到底是何许人物？只听过没见过。

魏武帝曹操

只能说很强。你再看看你，卧龙凤雏都给你了，然后呢？就这？

汉昭烈帝刘备

忘记"赤壁之战"的痛了吗？

魏武帝曹操

还不是因为我们南下水土不服！而且赤壁之战也是人家东吴功劳较大，你在这儿就会吹吹吹！

秦始皇嬴政

我居然也有插不上嘴的时候……

汉昭烈帝刘备

我家关羽都威震华夏了！要不是孙权偷袭荆州，害我云长……

魏武帝曹操

不好意思，是我以把江南封给孙权为条件，让他从背后出兵攻击关羽的，谁能想到吕蒙他们会把关羽给……我可是十分欣赏关羽啊！

汉昭烈帝刘备

紧接着益德也被部下谋害了……

魏武帝曹操

哟，张飞也死啦，哈哈哈哈——

汉昭烈帝刘备

魏武帝曹操

喀喀，你这没去打孙权吗？

汉昭烈帝刘备

打了，在夷陵吃了败仗，被火烧连营，几乎全军覆没，从此我就一病不起了……

魏武帝曹操

没道理啊，有诸葛亮在怎么可能会输？

汉昭烈帝刘备

我没带他，让他守着老家。

魏武帝曹操

那这就不奇怪了，不奇怪了。

汉灵帝刘宏

我就想问一句，我儿子刘协呢？

群聊机器人

别催啊！你想让你儿子这么早死吗？

汉灵帝刘宏

也是哦。

群聊机器人

不对啊，刘备！

汉昭烈帝刘备

怎么了？

群聊机器人

你不也是大汉政权吗？或者应该说是季汉！你怎么能称自己是蜀汉呢？

知识点

汉昭烈帝刘备

后人不就是这么称呼我的吗？

群聊机器人

那是为了区分，你自己说话肯定按照当时的来呀，然后我再出来说后世史称"蜀汉"。

汉昭烈帝刘备

这样子的吗？这不是为了让观众们看得通俗易懂点儿嘛。

群聊机器人

你抢我台词还有理了？看看在座的各位，哪个不是大汉政权！只不过后世为了区分这些，才有了西汉、东汉、玄汉和蜀汉。

汉昭烈帝刘备

懂了懂了，以后你来解释。

秦始皇嬴政

好家伙，称呼那么多。

华夏皇帝群（35）

公元226年

系统提示：魏文帝曹丕进入群聊

汉高祖刘邦

在座的后辈们！就是这个家伙篡汉！给我揍他！

汉武帝刘彻

咦，我的四十米大刀呢？怎么不见了？

汉昭烈帝刘备

老曹啊，怎么办？你儿子要被包围了！

魏武帝曹操

他自己应该顶得住，我相信他！

魏文帝曹丕

各位有话好好说！打人别打脸！真的是大汉气数已尽了。

汉昭烈帝刘备

借口！祖宗们，这都是他的借口！

魏文帝曹丕

懒得理你

魏武帝曹操

丕儿，怎么才过了六年你就进来了？刘协都还没进来！

魏文帝曹丕

我也不知道啊。

魏武帝曹操

司马懿被宰了没？

魏文帝曹丕

没有啊，一没借口，二舍不得，留给叡儿了。

魏武帝曹操

这六年里你都干了啥啊？

魏文帝曹丕

我就让陈群制定九品中正制；平定了青州、徐州一带的割据势力，最终完成了北方的统一；击退鲜卑，和匈奴、氐、羌等修好，恢复在西域的统治。

知识点

汉昭烈帝刘备

丞相居然还没有北伐吗？

魏文帝曹丕

他好像南征去了，而且我大魏兵强马壮，谁来谁死！

华夏皇帝群（37）

公元229年

系统提示：魏高帝曹腾和吴始祖孙坚进入群聊

魏武帝曹操

什么？

魏高帝曹腾

这里是什么地方啊……

魏武帝曹操

爷爷！这是个什么情况？

群聊机器人

曹叡即位后，追谥曹腾为高皇帝，曹腾也是历史上唯一一位被追封为皇帝的宦官。

知识点

魏高帝曹腾

这么多大汉皇帝在这边……难以置信！

汉桓帝刘志

哟，这不是曹腾吗？谢谢你当初拥立我为皇帝啊。

吴始祖孙坚

咦，不对啊，我都去世这么久了怎么会被拉进来？

群聊机器人

知识点

孙权今年登基了，建国号为吴，然后追谥你为武烈皇帝，庙号始祖。

吴始祖孙坚

躺着也能当皇帝的吗？

汉昭烈帝刘备

@吴始祖孙坚 岳父！

吴始祖孙坚

你在叫我吗？

汉昭烈帝刘备

对啊！我娶了你的女儿。

吴始祖孙坚

我没记错的话，我女儿都很小啊……

魏武帝曹操

他就是老牛吃嫩草，癞蛤蟆吃天鹅肉哦！

汉昭烈帝刘备

公元234年

系统提示：汉献帝刘协进入群聊

汉灵帝刘宏

儿子，你终于进来了。

汉献帝刘协

爹，你好像很期待我去世啊？

汉昭烈帝刘备

好啊！他们都跟我说您被曹丕谋害了！一直让我称帝，我才称帝的。没想到您居然还活着！罪过啊，难怪我一开始在群里找不到您！

魏文帝曹丕

什么意思？

魏文帝曹丕

呜呜呜

汉献帝刘协

没事的，你称帝我们大汉江山才有希望！

魏武帝曹操

哼哼，就想问问诸葛亮北伐成功了没有？！

汉献帝刘协

诸葛亮已经北伐四次了，但大多因为粮食跟不上就又回去了。听说第五次北伐开始了。

汉昭烈帝刘备

孔明真的是尽职尽责啊！！！

汉高祖刘邦

你们在说的这个诸葛亮是谁，看样子对我们大汉是忠心耿耿啊。

汉献帝刘协

不对！曹操怎么在群里，董卓不会也在吧？

魏文帝曹丕

你忘记我追谥我爹为魏武帝了吗？

汉献帝刘协

这也算？

群聊机器人

曹操不进来少了很多乐趣啊。但是曹操能进来，其他被追谥帝号的按道理说也能进。可是后面有一堆被追谥的无关紧要的皇帝该怎么办？

魏武帝曹操

嗯？我是进来给你们取乐的吗？

汉灵帝刘宏

看来我儿吃了不少苦,你说出来,祖宗们在这边给你撑腰!

汉献帝刘协

我太惨了!我先是给董卓当傀儡,好不容易董卓死了,又受到董卓部将李傕和郭汜挟持,好不容易逃出长安,遇到了曹操,还以为春天来了,结果又当傀儡了。

秦始皇嬴政

你们这东汉的皇帝真就是任人摆布啊。

魏武帝曹操

我难道对你不好吗?你居然还暗下衣带诏,伤我的心!

汉献帝刘协

在你面前我都不敢说话,这能叫好吗?

汉高祖刘邦

好家伙,真的气坏我了。老刘家的人呢?跟着我去揍这个姓曹的!

汉昭烈帝刘备

祖宗们别急,我这儿有一员猛将叫马超,追曹操有一手的,我让他去。

魏武帝曹操

好啊,这个场景怎么这么眼熟啊。

魏武帝曹操

不过有一说一，我女儿还是刘协媳妇呢，怎么说我也是他岳父啊。

汉献帝刘协

这也算是岳父的话，那我两个女儿还是曹丕的嫔妃呢，我不也是曹丕的岳父。这么算的话，我们两个还是亲家呢。

秦始皇嬴政

完了，这关系我厘不清了。

华夏皇帝群（39）

公元239年

系统提示：魏明帝曹叡进入群聊

魏文帝曹丕

曹叡，这才什么时候你就进来了啊？

魏明帝曹叡

爹，没办法啊！生的病就是好不了啊。

魏文帝曹丕

先问你，司马懿死了没？

魏明帝曹叡

还没有欸。我让他跟大将军曹爽共同辅佐太子。

汉昭烈帝刘备

丞相北伐大业还没完成吗？

魏明帝曹叡

你想太多了，诸葛亮早在刘协去世那年也没了。

汉献帝刘协

哦吼，诸葛亮居然紧跟着我的步伐。

汉昭烈帝刘备

什么？！

魏明帝曹叡

他太辛苦了，每天早起晚睡，也没怎么吃饭。

汉昭烈帝刘备

孔明啊……

魏武帝曹操

诸葛亮都没了，你咋不把司马懿给杀了？

魏明帝曹叡

这个怎么说呢……

魏武帝曹操

希望曹爽能稳得住啊！我看司马懿不简单。

汉高祖刘邦

稳不了！你们肯定完蛋！

好家伙，你又开始盲猜历史了？

华夏皇帝群（40）

公元252年

系统提示：吴大帝孙权进入群聊

魏文帝曹丕

哟！这不是孙十万 …… 不对不对，是吴王吗？

魏武帝曹操

没想到孙权你居然也敢称帝啊！是谁给你的勇气？

群聊机器人

看到这句话，我差点儿脱口而出那个女人的名字。

吴大帝孙权

咋地，只能你们当吗？

吴始祖孙坚

儿啊！

吴大帝孙权

爹啊！选个继承人真的太难了！

吴始祖孙坚

这不是关键，我就想问问，你哥呢？

吴大帝孙权

我哥怎么了？

魏武帝曹操

好家伙，你该不会就给你爹追谥为皇帝，没给你哥追谥吧？

吴大帝孙权

这……我追谥他为长沙桓王呢。

汉昭烈帝刘备

就这？

汉昭烈帝刘备

你是不是怕追谥孙策为皇帝，那么他的儿子也有了继承皇位的权利，就会和你的儿子争夺皇帝？！

吴大帝孙权

你这么说好像也有点儿道理哦。

汉昭烈帝刘备

不对！你害关羽的账我还没跟你算呢！

吴大帝孙权

怎么？还想再被烧一次？

汉昭烈帝刘备

那次是我大意了。

魏武帝曹操

刘备，你这么说可不对啊，那孙策不是孙坚的儿子？孙坚都是皇帝了的话，那么孙策的儿子不就是他孙子，也是有资格的啊，哈哈哈哈……

吴大帝孙权

分析得头头是道，我谢谢你们啊。

吴始祖孙坚

还有，为什么让刘备娶你妹妹？

吴大帝孙权

这……为了巩固联盟。

吴始祖孙坚

那也不能嫁给刘备啊！

汉昭烈帝刘备

嗯？你这么说就过分了，怎么就不能嫁给我了？

吴始祖孙坚

你就比我小六岁，没点儿数吗？

吴大帝孙权

妹妹嫁过去三年就又回来了。

汉昭烈帝刘备

说到这个，当初她还想偷偷抱走我儿子！是什么意思？

吴大帝孙权

如果当初刘禅被抱回来，你说不准现在会感激我呢。

汉昭烈帝刘备

吴大帝孙权

对了，偷偷跟你们曹家说，司马懿前几年把曹爽给杀了，你们大魏政权落入司马氏手中喽。

群聊机器人

公元249年，司马懿趁曹爽陪曹芳离洛阳至高平陵扫墓，起兵政变并控制京都。自此曹魏军权、政权落入司马氏手中，史称"高平陵事件"。

知识点

魏武帝曹操

魏文帝曹丕

魏明帝曹叡

群聊机器人

跑题了，咱们还是回到孙权身上吧。

吴大帝孙权

对啊，你们看在我设置农官，实行屯田，设置郡县，促进了江南经济发展的分儿上，给个机会。

群聊机器人

知识点 你这个倒不算什么，你表现最好的就是派将军卫温、诸葛直抵达夷州，还驻扎了一年。夷州后来叫台湾岛，这也是台湾岛在历史上最早出现的政权统治及驻军记录。

吴大帝孙权

没什么，没什么。

魏武帝曹操

怎么办？袁术一直和我私聊，说他称帝过要进群！

汉昭烈帝刘备

他凭什么进群？！

汉献帝刘协

我还在当皇帝的时候，他居然就敢称帝，他这不是叛乱是什么？这等乱臣贼子你们有人承认他吗？认可他吗？

就是就是，他那只能叫割据政权、伪帝！而且后世史学家们都是不认可的。

魏文帝曹丕

按照这么说，那我这是汉献帝禅位给我的，凭什么刘备和孙权还能称帝啊？

汉昭烈帝刘备

如果是汉献帝在位，我肯定不敢称帝。但你那是逼迫天子让位给你，这就不一样了。我不称帝的话，北伐中原就名不正、言不顺。我若称帝，我们就是国与国的较量，而不是臣子对天子！我这也是为了大汉！

吴大帝孙权

附议。

魏文帝曹丕

你附议个啥呢？你也为大汉？我是不信。

吴大帝孙权

你管我！

魏文帝曹丕

这里就你称帝没有啥理由。

群聊机器人

总的来说，袁术是在汉献帝还在位的时候称帝的，这个只能属于叛乱，所以后世史学家们才会不认可。而曹丕

知识点

这边是以魏代汉，上位程序是合法的。但是刘备本就是汉室宗亲，能看着大汉就此灭亡吗？称帝才有理由讨伐曹丕，所以他才称帝。孙权之所以一开始不称帝，是因为不合法统，名不正、言不顺，于是他开始扩张发展，国力上升了之后才称帝，因为有资本了，不然夹在魏和蜀之间多难受。而与此同时，蜀汉方面的国力、兵力、版图均已经被削弱了，如果还要对抗东吴的话，就会处于一对二的劣势，所以诸葛亮不得已只能承认孙权称帝的合法性！

秦始皇嬴政

你们这时期可是真的乱啊！

公元260年

系统提示：魏高贵乡公曹髦进入群聊

魏武帝曹操

这是哪个？

魏明帝曹叡

怎么会是你？曹芳呢？

魏高贵乡公曹髦

被司马师废了，现在他是齐王。

魏明帝曹叡

你这昵称是怎么回事？

群聊机器人

他不满司马氏专权秉政，亲自讨伐司马昭，结果被成济所弑。然后帝号被司马昭给废了。

知识点

魏高贵乡公曹髦

"司马昭之心，路人皆知"啊！

汉高祖刘邦

哈哈哈，看来你们家也快没了啊。从未想过自己居然是一个预言家。

汉昭烈帝刘备

不知道我家阿斗怎么样了。

魏武帝曹操

当初就应该除掉司马懿！

魏文帝曹丕

没想到会变成这样。

魏明帝曹叡

曹爽真没用！

系统提示：吴少帝孙亮进入群聊

汉昭烈帝刘备

嗨呀，你们两家人进群的频率挺高啊！

汉高祖刘邦

少帝这个称号看得揪心。

吴大帝孙权

儿啊，发生了什么事？

吴少帝孙亮

爹啊！我好后悔啊，当初就不应该宰了诸葛恪！

吴大帝孙权

他做啥事了？

吴少帝孙亮

他率军伐魏，围攻合肥新城，伤亡惨重，为了掩饰过失，更为独断专权。我就联合孙峻除掉他，谁能想到孙峻还有他弟孙綝更恐怖！

吴大帝孙权

怎么又是合肥啊，后来呢？

秦始皇嬴政

啧啧啧，我可是听闻了你在合肥的壮举啊。

吴大帝孙权

张辽吹嘘都吹到你这儿了？

吴少帝孙亮

前年本以为孙峻去世后，我终于可以开始亲政了，可我刚亲政没多久，就被孙綝废为会稽王。

吴大帝孙权

这些人简直反了天了！

吴少帝孙亮

后来他让六哥孙休当了皇帝，同年六哥就与张布、丁奉合谋，除掉了孙綝，哈哈哈哈哈！今年因为有人传出谣言说我要建业复辟，我就被贬为了侯官侯，我太惨了。

知识点

群聊机器人

孙亮丧命于去侯官（福建省闽侯县）的路上，有人说他是自尽的，也有人说是孙休毒害的。

汉昭烈帝刘备

瞧瞧你们两家，遭遇好像都差不多啊。看看我家啥事没有，能不能向我学习一下。

魏武帝曹操

玄德，我劝你善良。

公元264年

系统提示：吴景帝孙休进入群聊

秦始皇嬴政
这速度跟老刘家有得一拼啊！

吴大帝孙权
这又是个什么情况啊，权臣不是都灭了吗？

吴景帝孙休
得了重病呗，话也说不了。

吴大帝孙权
咱们吴国怎么样了？

知识点

吴景帝孙休
我在位期间，颁布良制，嘉惠百姓，促进了东吴的繁荣；重视教育和农桑，立五经博士，考核录选应选的人才。

吴大帝孙权
看着还不错啊！

吴景帝孙休
那这不是必须的嘛。

吴少帝孙亮

六哥，是不是你把我毒害了？

吴景帝孙休

这 …… 我怎么回答哦。

吴少帝孙亮

汉昭烈帝刘备

想问问我家阿斗还好吗？

吴景帝孙休

好得不得了啊，听说他现在在洛阳安乐地度过余生呢。

汉昭烈帝刘备

那就好。等等，不对啊！他怎么跑去洛阳了？

群聊机器人

公元263年，刘禅听从谯周的建议，向魏国邓艾军投降。坚守剑阁的姜维假意投降钟会，准备借钟会之手诛杀魏将，而后复兴蜀汉。但因为事情泄露，姜维及张翼等都被处死了，蜀汉就此彻底灭亡。

知识点

汉昭烈帝刘备

前面的都不重要 …… 最后一句才重要 ……

魏武帝曹操

哈哈哈哈哈哈哈哈哈哈！玄德，没想到啊，你们先被灭了。

汉高祖刘邦

后辈，这个意思是我们大汉又没了吗？

汉昭烈帝刘备

是的……祖宗们，光复汉室失败了。阿斗怎么会投降呢？怎么样都不能投降啊！

魏武帝曹操

哈哈哈哈，玄德，输给我们很正常。

汉高祖刘邦

笑笑笑，你就接着笑好了，你别忘了你们家政权已经被控制了。

魏武帝曹操

你没看到吗？现在还是魏国。

吴大帝孙权

完了，你们都没了，下一个不就是我吴国了吗？

吴景帝孙休

怎么办？我儿子才十岁！！

魏文帝曹丕

爹，看来最后赢的还是我们魏国啊！给力！

秦二世胡亥

@汉昭烈帝刘备 你家也是二世而亡啊？哈哈哈哈哈哈哈哈哈，爹！我们终于不孤单了。

汉昭烈帝刘备

你这样子说话，是不把我祖宗们放在眼里？我家好歹也是承袭大汉！你敢说我是二世而亡！

秦始皇嬴政

不是跟你说过，出来要打报告的吗？不把你爹放在眼里了？他家人那么多你还敢多嘴！给我回去随便找本书抄吧，我就不指定了。

秦二世胡亥

溜了溜了

< **华夏皇帝群（44）** ···

系统提示：吴文帝孙和进入群聊

群聊机器人

孙休去世，末帝孙皓继承皇位，就直接追谥父亲孙和为"文皇帝"。

吴景帝孙休

怎么会是孙皓？不应该是我儿子吗？

因为你的儿子年龄太小，濮阳兴和张布违背了你的意愿，迎立你的侄子孙皓为帝。后来二人很快就被孙皓找借口处决了，你的朱皇后和太子也被逼死了。

吴景帝孙休

孙皓！

吴文帝孙和

爹跟弟弟们都在啊。爹！孙峻这人害我！

吴景帝孙休

三哥，我已经把孙峻、孙𬘘兄弟从族谱上除名了。

吴文帝孙和

干得漂亮啊！

汉昭烈帝刘备

默默地等待着阿斗进群。

华夏皇帝群（45）

公元271年

系统提示：汉怀帝刘禅进入群聊

汉昭烈帝刘备

阿斗，还不快来拜见各位祖宗！

汉怀帝刘禅

祖宗们好!

汉高祖刘邦

这个就是那个投降的?

汉怀帝刘禅

咦,为什么你们会知道我投降啊?

汉昭烈帝刘备

这你就没必要知道了。你就说说你这辈子都做了啥事?

汉怀帝刘禅

我就一直很支持北伐啊!

汉昭烈帝刘备

然后呢?

汉怀帝刘禅

应该没了吧。

汉昭烈帝刘备

吴景帝孙休

当初你不投降再坚持一下多好!我的五路大军都在去救你的路上了!

欸，等等哦，为什么别的地方记载的是你看到蜀国败了，声称要去救援，实际上却是要去袭击蜀巴东守将罗宪啊。

吴景帝孙休

这……

汉昭烈帝刘备

前几年刘谌还来跟我说，他劝阻你不要投降，可惜你不听。于是他就跑来我的昭烈庙里痛哭，并把自己的妻、子都杀了，随后自尽。瞧瞧你儿子，再瞧瞧你自己！

汉高祖刘邦

这才是我大汉后辈该有的样子啊！

汉昭烈帝刘备

当初还不如让孙夫人把你抱走算了。

汉怀帝刘禅

爹，你别这么说啊，都是黄皓告诉我说敌人不会来的，所以我才没当回事啊。

汉昭烈帝刘备

黄皓是谁？

汉怀帝刘禅

我的一个宦官。

汉昭烈帝刘备

群聊机器人

这就要轮到我出场了，刘禅后期不理朝政，宠信宦官黄皓，国力就此走向衰弱。姜维见黄皓肆无忌惮地擅摄朝政，启奏刘禅将其处决，刘禅还不肯，导致姜维此后不敢回成都。

知识点

汉高祖刘邦

好家伙，又一个宠信宦官的！

汉昭烈帝刘备

祖宗们，我有罪啊！

汉怀帝刘禅

感觉拖下去也是要被灭啊，晋朝太牛了。

魏武帝曹操

晋朝？

魏文帝曹丕

晋朝？

群聊机器人

现在可以跟你们说了，公元266年，司马炎逼迫魏元帝曹奂禅让，即位为帝。

知识点

魏武帝曹操

司马炎？

汉怀帝刘禅

就是司马懿的孙子。

魏武帝曹操

不是吧？！

魏文帝曹丕

怎么会这样！

汉献帝刘协

哈哈哈哈哈哈哈哈！天道好轮回啊，哈哈哈哈哈哈。没想到你们也有今天！！

汉高祖刘邦

报应！各位请叫我大预言家，谢谢。

公元274年

系统提示：魏少帝曹芳进入群聊

魏少帝曹芳

爹、爷爷和曾祖，我们大魏有得啦。

魏少帝曹芳

魏少帝曹芳

司马氏……嘻！

魏武帝曹操

难为你了，孩子。

群聊机器人

第六章

群聊机器人

西晋王朝

晋武帝司马炎

公元275年

系统提示：晋宣帝司马懿、晋景帝司马师、晋文帝司马昭进入群聊

魏武帝曹操

魏文帝曹丕

汉昭烈帝刘备

什么情况？

群聊机器人

司马炎在今年追谥了他们。

晋宣帝司马懿

这是哪里啊？咦，两位老板都在啊！好久不见！

魏少帝曹芳

好可怕啊！这三个人怎么进来了！

魏文帝曹丕

还知道我们是你老板，你孙子司马炎谋朝篡位！你知道吗？

晋宣帝司马懿
现在知道了，他篡位怪我干吗啊？

魏武帝曹操
你发动政变，杀死曹爽，政权都落入你们司马氏手里了！难道不怪你？

晋宣帝司马懿
我不政变，死的就是我了呀。我到死都是魏臣哦，而且说不准我孙子是向@魏文帝曹丕 你学习呢。

魏文帝曹丕

晋景帝司马师
有一说一，我也是魏臣。

晋文帝司马昭
+1。

魏武帝曹操
不知道为什么，就是看到你们说这句话挺想笑的。

魏少帝曹芳
你废了我，你还敢说自己是魏臣？ @晋景帝司马师

晋景帝司马师
那还不是你要除掉我，我不得先下手为强？

晋文帝司马昭

话说你们曹家人还是挺可以的啊，曹髦也想害我。就是你们找的人不太行啊，老是被泄密。

汉献帝刘协

只能说这剧情看着有点儿熟悉。

汉怀帝刘禅

哟，这不是晋王吗？好久不见啊，来啊，接着喝酒啊。

晋文帝司马昭

安乐公是否思念蜀呀？

汉怀帝刘禅

好啊，在这里你居然还问这句话，你在给我下套啊？

晋文帝司马昭

当初你不是说得挺快吗，哈哈哈哈哈！

汉昭烈帝刘备

什么意思？

汉怀帝刘禅

当初他这么问我，我回答"此间乐，不思蜀也"。

汉昭烈帝刘备

脸给你打歪

汉怀帝刘禅

汉怀帝刘禅

我是故意这么说的！

汉昭烈帝刘备

你现在怎么说都可以喽，谁知道你是真傻还是装的呢？

汉怀帝刘禅

晋宣帝司马懿

儿子们，我还想问问，你们怎么这么早就死了啊？

晋景帝司马师

因为文钦之子文鸯带兵袭营，惊吓过度，加上本来眼睛上就有瘤疾，致使眼球外凸，回去的途中就发病身亡了。

晋文帝司马昭

我不早吧，我五十多岁才病逝。

公元284年
系统提示：吴末帝孙皓进入群聊

吴景帝孙休
孙皓！我等你很久了！

吴末帝孙皓
干吗干吗，叔叔，你干吗这么凶啊？

吴景帝孙休
你害我妻儿，我能不找你？

吴末帝孙皓
就这啊，说实话，我宰的人太多了，都记不清了。

吴景帝孙休

吴大帝孙权
看到这个末帝称号，我就知道是什么结局了。

汉昭烈帝刘备
咱们三个争了这么久……有啥用呢，有啥用呢？！

魏武帝曹操
就是就是！最后还不是为他人做嫁衣。

公元 280 年，孙皓投降，三国鼎立的局面完全结束了。引用一句话：三国尽归司马氏。

知识点

晋文帝司马昭

炎儿还是有一套的呀。

吴文帝孙和

我的儿啊！

吴末帝孙皓

父亲，我帮你报仇了！

吴文帝孙和

怎么说？

吴末帝孙皓

我流放了孙霸二子，还有那些迫害你的大臣我也帮你报复了。

吴文帝孙和

呜呜呜，爱了爱了。

汉昭烈帝刘备

所以！阿权啊！你那会儿是发生了什么事啊？

魏武帝曹操

不就选个继承人吗 …… 很难吗？

魏文帝曹丕

喀喀喀。

吴大帝孙权

哎呀……也就只是源于太子孙和及鲁王孙霸之间因储君问题而生的矛盾，后面就引发朝中大臣因分别支持太子和鲁王而分裂……我最后废了太子孙和……把孙霸赐死，改立幼子孙亮为太子。

群聊机器人

知识点

史称"南鲁党争"。

吴末帝孙皓

爷爷……你当初如果没这骚操作……我们吴国还不一定会灭亡！

吴大帝孙权

你可拉倒吧……最后不也还是会让你当皇帝……结局还是一样的。

吴末帝孙皓

爷爷，我可是屡次北伐晋朝啊，也曾大破晋军，可惜国力也耗尽了。

群聊机器人

不是你统治残暴，屡有吴将倒戈，同时导致民变四起吗？连司马炎都感到惶怖。沉溺酒色、专于杀戮、昏庸暴虐！瞧瞧这些对你的评价！

吴景帝孙休

当初濮阳兴和张布是吃饱了撑的让你当皇帝？

吴景帝孙休

魏武帝曹操

真的没想到啊，这是为什么呢？我当初为什么会招来司马懿呢？为什么呢？

晋宣帝司马懿

老板，你不招我！谁帮你抵御诸葛亮？！谁为你建功立业？！

秦始皇嬴政

我看明白了，就是司马懿能熬！不仅熬死了诸葛亮，还熬死了你们祖孙三代。

秦始皇嬴政

公元290年

系统提示：晋武帝司马炎进入群聊

晋武帝司马炎

咦，爷爷、爹、大伯，你们都在呢？

晋宣帝司马懿

炎儿，没想到你居然敢逼迫皇帝禅位啊！

晋武帝司马炎

那这就要感谢一下@魏文帝曹丕 了。有了他这个榜样，大业可成啊！

魏文帝曹丕

懒得理你

魏文帝曹丕

我们可不一样，当初我对刘协还是挺不错！我还跟他说"天下的好东西，我跟你可以一起享受"，虽然是个客气话，哈哈哈哈哈……

魏明帝曹叡

就是就是，刘协去世的时候我还率群臣亲自哭祭，以汉天子礼仪葬于禅陵。再看看你们，司马师废我养子曹芳。

魏文帝曹丕

司马昭害我孙子曹髦。

魏武帝曹操

司马炎逼迫我孙子曹奂禅位。

秦始皇嬴政

嗯？我好像又乱了。

魏明帝曹叡

曹奂是谁啊？

晋武帝司马炎

曹奂原名叫曹璜，燕王曹宇之子。有一说一，我对曹奂也挺好的，封他为陈留王，允许他使用天子旌旗，备五时副车，行魏国正朔，郊祀天地礼乐制度都仿效魏国初期的制度，上书不称臣，受诏不拜。

知识点

群聊机器人

确实，曹奂的地位、待遇、结局可以说是历代亡国之君中最好的。@魏文帝曹丕 你就别比了。

魏明帝曹叡

@魏武帝曹操 爷爷，你是怎么知道他的，我都不知道他改名了！

魏武帝曹操

曹宇前几天刚加我好友，跟我汇报了一下。

汉高祖刘邦

我有种预感，我大汉还有机会。

群聊机器人

又开始了？

秦始皇嬴政

刘季啊，不会吧？这还能有机会？！我大秦亡了这么久了，我都看淡了。

汉高祖刘邦

我们不一样，你的后代都被胡亥宰得差不多了。我的后代还这么多，你看这刘备不就是一个典型的例子吗？

汉昭烈帝刘备

没想到还能被老祖宗提起，好开心、好激动！

群聊机器人

司马炎，我该怎么评价你呢？

晋武帝司马炎

我作为大一统皇朝的开国皇帝，很难评价吗？

晋宣帝司马懿

说实话，前面的路是我们已经给你铺好了的，只要不发挥失常、不提前昏腐，上位应该都很轻松吧？

晋武帝司马炎

晋武帝司马炎

我用四个月的时间就快速灭了吴国，这谁能做到哦！还有我完成大一统后可是采取了一系列经济措施，发展生产，并且颁行户调式（包括占田制、户调制和品官占田荫客制），整个天下呈现繁荣景象。

知识点

群聊机器人

确实"太康之治"还是可以说一说的。

群聊机器人

但是，你结束了三国分裂后，就开始骄奢淫逸，怠惰政事，分封诸王。

晋武帝司马炎

分封诸王还有问题？

群聊机器人

这个你马上就会知道了。

公元302年

系统提示：魏元帝曹奂进入群聊

魏元帝曹奂
太乱了，太乱了！

晋武帝司马炎
怎么了？

魏元帝曹奂
你家自己内部打起来了。

晋武帝司马炎
什么意思？你说清楚一点儿啊！

魏元帝曹奂
就是贾南风干政弄权，引发了一场皇族为争夺中央政权的内乱。你怎么把皇位传给了个瓜娃子啊？你最喜爱的皇太孙司马遹都被贾南风设计谋害了。

秦始皇嬴政
该不会你这晋朝也就只能传到二世吧，哈哈哈哈哈！

晋武帝司马炎
怎么可能？再怎么乱天下最后也是我司马家的！

群聊机器人

知识点 这个内乱解释起来有点儿麻烦，其核心人物有汝南王司马亮、楚王司马玮、赵王司马伦、齐王司马冏、长沙王司马乂、成都王司马颖、河间王司马颙、东海王司马越八王。当然肯定不止这些人，这几个是主要的参与者，史称"八王之乱"，目前还在打。我们等待着你的傻儿子进群吧。

晋武帝司马炎

为什么会变成这个样子啊，我也才走了十二年。

魏元帝曹奂

唯一的继承者司马遹都没了，其他诸侯王都有继承权，当然都得来争夺一下。

< **华夏皇帝群（53）** ···

公元306年

系统提示：成景帝李特进入群聊

晋武帝司马炎

啥玩意儿？这是啥玩意儿？

秦始皇嬴政

不会吧，你真不会也跟我家一样就到二世吧？

群聊机器人

公元306年，李雄称帝，国号为成，建立成汉政权。李雄称帝后，追谥李特为景皇帝，庙号始祖。李特也可以说是成汉政权的奠基人。

知识点

汉高祖刘邦

成汉？是不是我大汉又复辟了？

成景帝李特

应该不是，我又不姓刘。

晋武帝司马炎

衷儿到底在干吗？！

公元307年

系统提示：晋惠帝司马衷进入群聊

晋武帝司马炎

瓜娃子，还不快给爹解释解释这是怎么回事？

群聊机器人

你觉得他解释得了吗？你怎么不问问我？

晋惠帝司马衷

我也不清楚欸，我都听我们家皇后的。我就只知道外面在打呀打呀打呀。后来九叔公司马伦把皇后宰了，自己当了皇帝，我就变成太上皇了。

秦始皇嬴政

你当太上皇，你叔公当皇帝？这辈分，乱了乱了。

晋惠帝司马衷

但是他没当多久就输给了弟弟们，后来我又当皇上了。

群聊机器人

八王之乱时，赵王司马伦篡位，司马衷为太上皇，幽禁于金墉城。后由诸王辗转挟持，沦为傀儡，受尽凌辱。公元306年，被东海王司马越迎回洛阳。

知识点

晋武帝司马炎

不对啊，那司马伦怎么没进来？

群聊机器人

这个要怎么解释呢，我觉得他不算欸。

汉高祖刘邦

有个疑问，为什么那个什么成汉的能进来？他不属于叛乱吗？

群聊机器人

他们这些跟袁术不太一样，袁术那会儿一堆人去攻打他，他叛乱后没多久就被平定了。现在晋朝已经没有什么统治力了，不仅解决不了这些叛乱，甚至还会被他们推翻。

魏武帝曹操

不是吧，你们晋朝就这？之前还在夸是你们结束了三国分裂，怎么现在又开始分裂了？

晋武帝司马炎

尴尬地笑笑

晋武帝司马炎

瓜娃子，再然后呢？

晋惠帝司马衷

再然后，我就来这里了呀。

群聊机器人

公元307年，司马衷在洛阳驾崩，终年四十八岁，相传是被东海王司马越毒害死的。

秦始皇嬴政

看来这个司马越迎你回去也没安啥好心啊。

晋惠帝司马衷

有个问题，很奇怪！不知道为什么别人一直笑我？

晋武帝司马炎

什么问题？

晋惠帝司马衷

当初闹饥荒，百姓们没有粮食吃，都饿死了。可是我就想不明白了，何不食肉糜？

晋武帝司马炎

不行了，不行了，我要被气炸了。

秦始皇嬴政

你这个回答绝了，小老弟。@晋宣帝司马懿 是不是你把你司马家的智商都给透支光了？

晋宣帝司马懿

这都能怪我？关我啥事啊！

秦始皇嬴政

其实很想知道@晋武帝司马炎 你为什么会选他当太子啊？

晋武帝司马炎

我当初出了几道题考他，发现他答得还可以啊，思维还是很清楚的。

晋惠帝司马衷

是贾南风找了几位有学问的老先生为我解的题。

晋武帝司马炎

我当初怎么没想到这个……

秦始皇嬴政

你是傻吗？让他带回家做，你没亲眼看着，怎么能知道是不是他做的？完了，看来他傻有可能是遗传的。

晋武帝司马炎

失策啊……

公元310年

系统提示：汉光文帝刘渊进入群聊

汉高祖刘邦

这个称号！这个姓！肯定没错！

晋武帝司马炎

这个不是匈奴人吗？

汉高祖刘邦

什么？！

秦始皇嬴政

好家伙，匈奴人怎么跑进来了？

汉高祖刘邦

匈奴人为什么姓刘？

汉光文帝刘渊

知识点

我是西汉时期匈奴首领冒顿单于的后代，您那会儿将一位宗室之女作为和亲公主嫁给冒顿单于，并与冒顿单于相约为兄弟，所以，冒顿单于的子孙都以刘氏为姓。

群聊机器人

刘渊是汉化匈奴贵族的后裔。刘渊看见西晋日趋衰败、各地流民纷纷起义反晋，趁势在中原建立了第一个少数民族政权——匈奴汉国政权，史称"前赵"，亦称汉赵。

汉高祖刘邦

这个……怎么说呢?

汉光文帝刘渊

我可是以复汉为名啊!谁让你们自己内部乱成一锅粥呢!我还追封刘禅为孝怀皇帝呢。

汉怀帝刘禅

我说我的名字怎么成了汉怀帝!

< **华夏皇帝群(56)** ···

系统提示:刘和进入群聊

汉光文帝刘渊

什么情况?

群聊机器人

刘和登基不久后,图谋铲除四王,反被刘聪所害。

汉光文帝刘渊

这样啊……

群聊机器人

刘和没有啥成绩,就不让他说话了。

公元313年

系统提示：晋怀帝司马炽进入群聊

晋惠帝司马衷
> 呀，弟弟，你也进来啦，司马越也把你弄死了？

晋怀帝司马炽
> 那倒没有，我下诏以苟晞为大将军，并发布司马越的罪状，要求各方讨伐。司马越知道后，急火攻心，病逝于项城，嘿嘿嘿。我其实是被刘聪给毒害了。

汉光文帝刘渊
> 我这儿子可以啊！ @汉高祖刘邦 老祖宗！等着大汉光复吧！

汉高祖刘邦
> 这个大汉 …… 不是很想承认，血缘太远了。

晋武帝司马炎
> 你怎么就会被这个叛乱的人给毒害了呢？

晋怀帝司马炽

知识点

> 王衍遣军队护送司马越灵柩回到东海封国时，在宁平城败于镇东大将军石勒。我们的最后一支主要兵力被消灭，已无可战之兵。

群聊机器人
> 公元311年，刘聪趁势攻破洛阳，制造永嘉之乱，俘

虏晋怀帝。今年刘聪用毒酒毒害了晋怀帝。

晋武帝司马炎

我的晋朝不会真就这么完了吧?

晋武帝司马炎

我是真的慌了

汉高祖刘邦

我相信肯定会有老刘家的人光复我大汉!

汉光文帝刘渊

那肯定会有啊,就是我家呀。

汉高祖刘邦

除了你。

汉高祖刘邦

懒得理你

汉光文帝刘渊

尴尬地笑笑

秦始皇嬴政

怎么感觉我那会儿除了我大秦还有六个国家,都没你们现在这么乱啊!

别急，更乱的时期马上要来了！

华夏皇帝群（58）

公元318年

系统提示: 晋愍帝司马邺进入群聊

晋愍帝司马邺

爷爷……我们晋朝没了。

晋武帝司马炎

什么？！

魏武帝曹操

妙啊，灭得真快啊！ @晋宣帝司马懿 仲达，你的后代就这水平？你别不说话啊，仲达！

秦始皇嬴政

啧啧啧，让我算算哈。如果从灭掉东吴算起，你们这晋朝才传了三十七年啊！

晋武帝司马炎

你好像没有什么资格说这种话吧？你们也就十五年，还有脸在那儿叫叫叫。

秦始皇嬴政

这不一样，你是自己家窝里斗，被别人乘虚而入。匈奴人都来你这儿当皇帝了，你说你丢不丢人？！

晋愍帝司马邺

就是他们把我灭了。前年刘曜率军围攻长安，我们连粮食都吃光了也没有等到救援，为了百姓只能出城投降。投降后，我备受侮辱，还被刘聪给杀了。

汉光文帝刘渊

老祖宗！看来大汉复辟了！

汉高祖刘邦

真有这么简单就复辟了吗？

晋愍帝司马邺

你想想就好了，现在外面政权太多了。

群聊机器人

晋朝时期的北方游牧民族南迁开始了各位！

秦始皇嬴政

这是啥玩意儿？

群聊机器人

北方游牧民族南迁，是指在西晋时期塞外众多游牧民族趁西晋"八王之乱"，国力衰弱之际，陆续建立数个游牧民族政权，与南方汉人政权并立。北方游牧民族主要是指匈奴、鲜卑、羯、氐、羌五个游牧民族大部落，但事实上南迁的游牧民族数目不止五个。

知识点

晋武帝司马炎

西晋是个什么东西？

汉高祖刘邦

这个我熟悉，就是你晋朝虽然现在被灭了，但是没关系，后面还会有一个东晋出现。

汉光文帝刘渊

什么？！

晋武帝司马炎

为什么会叫东晋啊？

群聊机器人

史学家为了区分才这么叫的呗，问题那么多！

< **华夏皇帝群（59）** ...

系统提示：汉昭武帝刘聪进入群聊

晋愍帝司马邺

啊？你怎么也进来了？

汉昭武帝刘聪

我也想知道，只是生了个病啊。

晋武帝司马炎

就是你这个家伙灭了我们晋朝是吗？

汉昭武帝刘聪

严格意义上来说不是，因为司马邺一死，司马睿就在建康称帝了，所以说你家晋朝又活了。

秦始皇嬴政

好家伙，还自带复活甲啊。

群聊机器人

建康就是以前的建业，现在的晋朝是由西晋皇族司马睿南迁后建立起来的王朝，史称"东晋"。

知识点

晋武帝司马炎

好家伙，没想到会是他称帝。虽然司马睿不是我的直系，但只要是我晋朝还在就好。

吴末帝孙皓

@晋武帝司马炎 还记得我以前跟你说我在南方也给你设了个座位吗？哈哈哈哈哈，没想到现在你们晋朝还真的去了。

晋武帝司马炎

汉光文帝刘渊

儿啊，快来见过老祖宗！

秦始皇嬴政

@汉高祖刘邦 是不是没想到这么多年后会被匈奴人叫

老祖宗，哈哈哈哈哈哈……

汉高祖刘邦

这……

汉昭武帝刘聪

知识点

请记住我，我就是俘虏并杀掉晋怀帝及晋愍帝，制造"永嘉之乱"，覆灭西晋王朝，大力开拓疆域领土，采用游牧民族与汉人分治的政治体制的那个男人。

晋武帝司马炎

不用你说，我也记住了。

群聊机器人

我也记住了，你可是设立上皇后、左皇后和右皇后，造成"三后并立"，后来又立了中皇后的男人啊！

汉昭武帝刘聪

不好意思，还有七位嫔妃，虽然没有皇后的徽号，但同样佩戴皇后的玺绶，在名义上也是皇后。

汉光文帝刘渊

儿子，这你都顶得住？

汉昭武帝刘聪

小意思。

系统提示：汉隐帝刘粲进入群聊

秦始皇嬴政

> 今年来的人有点儿多啊。

汉昭武帝刘聪

> 我的儿啊，发生了什么？

群聊机器人

> 刘粲即位之后，沉湎酒色，耽于游乐，诛杀辅政大臣，将军国大事全权委托靳准决断。不久，靳准发动叛乱，历数其罪名后，杀死了刘粲。

知识点

汉昭武帝刘聪

> 他为什么不说话啊？

群聊机器人

> 你立的那些皇后，年龄都不到二十岁，而且长得很漂亮。你死后，刘粲就给你戴了绿帽子，对你的去世一点儿都不悲哀。

汉昭武帝刘聪

> 逆子啊！

公元319年

群聊机器人

知识点 刘曜称帝，追尊刘渊等历代祖先为帝，迁都长安，改国号为"赵"。

汉光文帝刘渊

我就说我明明国号是"汉"，怎么之前你一直说是"汉赵""前赵"，把我都看蒙了，原来是因为这个。

群聊机器人

这个时期追谥皇帝的我就不拉了啊，工程量太大了。

汉光文帝刘渊

为什么？李特都能进来！

群聊机器人

主要是他们大多数人在史书中都没有详细的记载，画像也没有。

秦始皇嬴政

好啊，你双标啊。

群聊机器人

你别再说了，你是不知道这时期追谥了多少人，我很辛苦的。

魏武帝曹操

你这样我爹跟我爷爷都不敢说话了。

群聊机器人

他们好像上次说了几句之后就一直潜水了。

12:03

群聊机器人

第七章

群聊机器人

东晋与十六国

晋元帝司马睿

公元323年

系统提示：晋元帝司马睿进入群聊

晋武帝司马炎

睿儿，晋朝现在还安稳吗？

晋元帝司马睿

不太好，王敦太猖狂了，我和朝廷都成了摆设。四分之三的朝野官员是王家人或者与王家相关的人。

秦始皇嬴政

怎么这剧情又那么眼熟啊？你们是一直在轮回吗？

晋宣帝司马懿

这怎么那么像我当初干的事！

魏武帝曹操

仲达啊，你终于出来了。天道有轮回！说得没错啊，我已经体验过了，现在该你体验一次了。

群聊机器人

知识点 ▶ 东晋时期，琅琊王氏家族与当时皇室力量势均力敌，当时百姓称之为"王与马，共天下"。

晋元帝司马睿

势均力敌可还行，我以刘隗、刁协、戴渊等为心腹，试图压制王氏权势，结果王敦起兵，杀死戴渊等人，刘隗后来投奔了石勒。

140

魏武帝曹操

就这？就这？

公元325年

系统提示：晋明帝司马绍进入群聊

晋明帝司马绍

爹！我平定王敦叛乱了！

晋元帝司马睿

那就好……

晋明帝司马绍

可是天妒英才啊！！！

群聊机器人

晋明帝司马绍在位期间全力重用丞相王导，保持与江东士族的和谐关系，成功做好"王敦之乱"的善后工作，稳定东晋王朝的局势，对安定国家大局和皇室权威影响深远。可惜，这么年轻就病逝了……不然肯定大有作为。

知识点

晋明帝司马绍

难受啊！

晋武帝司马炎

难道天真的要亡我大晋吗？

公元329年

系统提示：汉赵末代皇帝刘曜进入群聊

汉赵末代皇帝刘曜

@汉光文帝刘渊 @汉昭武帝刘聪 @汉隐帝刘粲 我为你们报仇了！

汉光文帝刘渊

什么意思啊？

汉赵末代皇帝刘曜

靳准把刘粲杀死后，刘氏皇族也全部被杀了，又挖掘了你和刘聪的陵墓，斩断刘聪尸身，焚毁刘氏宗庙。

汉光文帝刘渊

汉武帝刘彻

是哪个浑蛋敢烧我刘氏宗庙？！

群聊机器人

烧的那个应该跟你没啥关系。

汉武帝刘彻

咦！我大汉是又复辟了吗？

秦始皇嬴政

你是多久没看群消息了，能不能往上翻翻。

汉武帝刘彻

哦？匈奴人也敢说自己是我汉室后裔？

汉光文帝刘渊

咱真的是有点儿血缘关系的，您看我一心向着大汉。

汉光文帝刘渊

@汉赵末代皇帝刘曜 你为何把国号给改了？

汉赵末代皇帝刘曜

这个……不知道怎么解释，嘿嘿嘿……

群聊机器人

我自己理解的哈，刘渊那会儿以"汉"为国号，是以汉朝继承人的政治形象自居，而刘曜供奉冒顿单于，显示自己的匈奴身份，所以才修改了国号。

知识点

汉武帝刘彻

好家伙，兄弟们，打匈奴人了。

汉赵末代皇帝刘曜

溜了溜了

公元333年

系统提示：赵明帝石勒进入群聊

汉光文帝刘渊

怎么回事，石勒怎么也称帝了？

汉赵末代皇帝刘曜

忘记跟您说，我就是被他给灭了。

群聊机器人

> 公元319年，刘曜称帝，改国号为赵，史称前赵，迁都长安。石勒乘机脱离刘氏的统治，自称大单于、赵王，定都襄国，史称后赵。公元329年，后赵灭了前赵。公元330年，石勒正式称帝。

知识点 ▶

汉光文帝刘渊

我辛辛苦苦建立起的政权就这么没了啊！

赵明帝石勒

你也别怪他，主要还是我太强了。

汉赵末代皇帝刘曜

你看他居然敢这么装！

群聊机器人

> 石勒可是历史上唯一一位奴隶皇帝。

赵明帝石勒

低调低调。

群聊机器人

石勒，还记得你说过的话吗？

赵明帝石勒

我说了啥？

群聊机器人

大丈夫行事应磊磊落落，朕终不效曹孟德、司马仲达父子，欺他孤儿寡妇，狐媚以取天下也。

赵明帝石勒

这话别乱讲啊，别乱讲！

秦始皇嬴政

哈哈哈哈哈哈哈！

魏武帝曹操

听说有人在说我坏话。

晋宣帝司马懿

我好像也看到了。

赵明帝石勒

那会儿喝醉了喝醉了。现在也有点儿醉，溜了。

公元334年

系统提示：成武帝李雄进入群聊

成武帝李雄

嗨，各位前辈！

汉高祖刘邦

你说你没事干，建国就建国嘛，为什么要叫"成汉"呢？害我以为我大汉复辟，白开心一场。

成武帝李雄

我的国号是"成"啊，不是什么"成汉"。刘渊建立的才是"汉"，虽然现在已经被灭了，哈哈哈哈。

汉光文帝刘渊

喀喀，别当我不存在！

群聊机器人

关于为什么叫"成汉"呢，后面你们就知道了。

系统提示：成哀帝李班进入群聊

成武帝李雄

??

成哀帝李班

叔父，没想到我们这么快又相见了。

成武帝李雄

怎么回事？

成哀帝李班

我被你儿子李越给宰了。

成武帝李雄

这个逆子！

公元335年

系统提示：石弘进入群聊

赵明帝石勒

难不成石虎造反了？

石弘

是啊！你去世后程遐、徐光就被他给杀了。

石弘

我本来一开始就想禅位给他，他假意推托，最后还是把我废了，我跟程太后、石宏、石恢被囚禁在崇训宫，最后都被杀了。

赵明帝石勒

我当初就应该听程遐、徐光的话，除掉石虎啊！悔恨啊！

汉赵末代皇帝刘曜

看到这里就很舒服了。

秦始皇嬴政

连着看了两场篡位大戏，有点儿撑。

华夏皇帝群（68）

公元338年

系统提示：成废帝李期进入群聊

成武帝李雄

我还以为会是李越当皇帝呢。

成废帝李期

哥哥认为我是您的正妻所生，又很有才能，就让位给我了。

成武帝李雄

你有才能？我没听错吧？

成废帝李期

我也是聪慧好学的，二十岁时就能做文章，不是吗？

群聊机器人

李期在位时期，任用庸臣，成汉政权在李期执政时期江河日下。

成武帝李雄
你瞅瞅！

成废帝李期
现在说这么多也没用了，我被堂叔李寿废为邛都县公，幽禁在别宫里，最后我就自尽了。

成武帝李雄
所以我为什么立李班为太子是有原因的。

< **华夏皇帝群（69）** ···

公元342年

系统提示：晋成帝司马衍进入群聊

晋武帝司马炎
又来了个年轻的后辈。

晋明帝司马绍
儿啊，你怎么就死了？

晋成帝司马衍
就，突然身体不适，还好我及时下诏让弟弟琅琊王司马岳继承了帝位。

群聊机器人
司马衍在位期间诏举贤良，劝课农桑，政权趋于稳固。

在东晋奢侈浮华之风历久并且盛行之时，他作为皇帝却能力倡简朴、节俭，还带头施行，应该说是很不容易的。只可惜，跟他爹一样短寿啊。

晋成帝司马衍

别说出来，啊啊啊啊啊！

华夏皇帝群（70）

公元343年

系统提示：成汉昭文帝李寿进入群聊

群聊机器人

李寿的谥号是汉昭文帝，为了区分我就称他为"成汉昭文帝"。

汉昭武帝刘聪

什么意思？我是汉昭武帝，你强行要跟我一家人，是不是？

成武帝李雄

我"大成"怎么就变成"汉"了？

群聊机器人

公元338年，李寿杀死李期自立为帝，将国号改为"汉"。史书连称为"成汉"。

汉武帝刘彻

怎么会有这么多人想跟我大汉攀亲戚啊？你们能不能有

点儿数啊，自己够不够格啊？

成武帝李雄

就是就是，让你瞎改。

群聊机器人

李寿统治初期尚能勤于政事，不久就穷奢极欲，更嗜杀成性，成汉在他统治下日趋没落。

知识点

成武帝李雄

啊？@成汉昭文帝李寿 你给我出来！

成废帝李期

爹，堂叔他跟我半斤八两嘛，我感觉我做应该能比他做好。

成武帝李雄

你闭嘴，李寿，你给我出来！

秦始皇嬴政

他怕是不敢出来哦。

< **华夏皇帝群（71）** ···

公元344年
系统提示：晋康帝司马岳进入群聊

晋成帝司马衍

弟弟，你倒是撑一会儿啊，你这也太快了吧！

晋康帝司马岳

我也不想这样啊……

秦始皇嬴政

你们司马家难道也有遗传病吗？一个个的都死得这么早。

晋武帝司马炎

跟我肯定没关系。毕竟我爷爷活到了七十几岁，他可是熬过了那么多人。

群聊机器人

司马岳虽然说在政绩上比较一般，但是他的书法造诣很高，代表作《陆女帖》。《陆女帖》被收进宋代《淳化阁帖》，《淳化阁帖》是中国最早的一部汇集各家书法墨迹的法帖，被后世誉为中国法帖之冠和"丛帖始祖"。

秦始皇嬴政

当皇帝光会写字可不行！

汉武帝刘彻

确实，还是要以我为榜样才行！

秦始皇嬴政

有你啥事，就算要找榜样也应该是向我看齐！

公元349年

系统提示：赵武帝石虎进入群聊

赵明帝石勒

我的好侄子，你终于进来了啊，我等你很久了呢，说吧，你想用哪个姿势挨揍？

赵武帝石虎

谁让你不传位给我？我为大赵打了多少城池，每次都是我冲锋陷阵，你却传位给了石弘。我说过等你驾崩，不会再让你有后代活下去了。

赵明帝石勒

什么？！

群聊机器人

公元334年，石虎篡位，公元337年自称大赵天王，然后将石勒的子孙全部灭光。公元349年，正式即皇位。　　知识点

赵明帝石勒

当初就应该除掉你！

秦始皇嬴政

你可真能忍啊，到今年才登基，一登基就进来了。

赵武帝石虎

很忙呗，到处打仗，儿子们也不乖，我都已经杀了两个了。

群聊机器人

石虎非常残暴，不知道宰了多少人，荒淫无度，大兴土木，百姓生活悲苦。

秦始皇嬴政

群聊机器人

但是石虎也有一些些作为。他崇信佛教，使得佛教的影响力在中原迅速扩大。

< **华夏皇帝群（73）** ⋯

系统提示：石世进入群聊

秦始皇嬴政

熟悉的节奏来了。

群聊机器人

彭城王石遵得知石虎去世后，立即率军攻打都城邺城，杀掉张豺。数日后，石遵自立为帝，废石世为谯王。不久，石世被石遵杀了。

赵武帝石虎

我十岁的儿啊！

知识点

系统提示：石遵进入群聊

群聊机器人

> 冉闵率军入宫杀了石遵，拥立石鉴。

赵武帝石虎

> 我该说点儿什么……

秦始皇嬴政

> 快快快，下一个呢？

< 　　　　　　华夏皇帝群（75）　　　　　　···

公元350年

系统提示：石鉴进入群聊

赵武帝石虎

> 才刚休息没多久又来一个？

群聊机器人

> 冉闵在今年废黜石鉴并处死了他，顺便把石氏家族全部消灭。冉闵即位称帝，恢复冉姓，建立冉魏。

知识点

赵武帝石虎

> 什么？！我待他就如同亲孙儿一般，他居然做出这种事？！

赵明帝石勒

想想你当初是怎么对待我的后代的。现在你的下场也是如此！哈哈哈哈哈。

公元351年

系统提示：后赵末代皇帝石祗进入群聊

群聊机器人

看到这个名字懂的都懂了吧。

赵明帝石勒

石虎，真有你的！

群聊机器人

石祗听说其兄石鉴去世了，于是在襄国自立为帝，并起兵讨伐冉闵。今年4月，战败被部将刘显给杀了，后赵政权从此灭亡。

知识点

赵明帝石勒

我大赵就是被你跟你的后代给败光了！

晋武帝司马炎

谁不是呢？

汉赵末代皇帝刘曜

你这么说就不对了，这可是你自己选的继承人，而且你

156

的晋朝在南方过得还算舒适呢。

晋武帝司马炎

如果没选这个儿子当皇帝，感觉都没你们啥事了。

汉赵末代皇帝刘曜

但是不得不说，羊献容还是可以的。

晋惠帝司马衷

你还我皇后！还我皇后！

汉赵末代皇帝刘曜

你连妻子、儿子都保护不了，贵为帝王却让妻儿在凡夫俗子手中受辱，还好她最后跟了我，哈哈哈哈！

晋武帝司马炎

儿子，快回去跟胡亥一起抄书吧，别出来丢人了。

秦始皇嬴政

@赵武帝石虎 我才发现进群的这几个都是你儿子啊，好家伙，你的儿子都当了一遍皇帝。

赵武帝石虎

公元352年

系统提示：武悼天王冉闵进入群聊

后赵末代皇帝石祗

> 看来应该是慕容儁把他灭了！爹，我们大仇得报了。

赵武帝石虎

> 他怎么会帮你？

后赵末代皇帝石祗

> 我自去帝号，称赵王，以求获得燕王支持助讨冉闵。

魏武帝曹操

> 好家伙，听说这人的国号是"大魏"啊！怎么，你是我的粉丝吗？

武悼天王冉闵

> 我爱叫不行吗？

赵武帝石虎

> 我从小把你养到大，把你当成我的亲孙子，你居然这么对待我们羯族人？

武悼天王冉闵

> 你对自己儿子不是也挺心狠手辣的吗？

群聊机器人

> 经过全国这样的大清洗，羯族这个独立民族不存在了。

赵武帝石虎

冉闵，我跟你不共戴天！

< **华夏皇帝群（79）** ···

系统提示：前燕武宣帝慕容廆和前燕文明帝慕容皝进入群聊

武悼天王冉闵

难不成慕容儁称帝了？

群聊机器人

公元 352 年，慕容儁称帝，史称"前燕"，并追谥了他的爷爷跟父亲。 ◀ 知识点

武悼天王冉闵

好家伙，把我灭了就称帝。

群聊机器人

前燕文明帝慕容皝当时自称燕王，建立前燕政权，崇尚汉文化。在位期间，平定内部叛乱，击败宇文部和段部鲜卑，击退后赵进攻，攻破高句丽，威震北方地区，为日后前燕入主中原打下了坚实的基础。

秦始皇嬴政

还说不拉追谥的，现在呢，哼哼！

群聊机器人

拉点儿重要人物还是要的。

系统提示：秦惠武帝苻洪进入群聊

群聊机器人

知识点 苻健在今年即皇帝位，追谥他爹为帝。苻洪是前秦政权的奠基者。

秦始皇嬴政
前秦？

秦二世胡亥
爹，现在居然也有人敢用我大秦国号了。

秦始皇嬴政
你别抄书了，等那个人进来直接冲上去揍他。

汉高祖刘邦
现在该我看戏了，嘿嘿嘿！

公元355年
系统提示：凉威王张祚进入群聊

秦始皇嬴政
什么意思，现在称王的也能进群了吗？

公元 354 年，张祚称帝，废弃晋愍帝年号。

知识点

晋愍帝司马邺

我的年号居然用了这么久，感动！

群聊机器人

因为司马睿称帝那会儿，凉王张寔不用司马睿的大兴年号，还在用你的年号。这就标志着他们已完全脱离司马家的管控正式独立，史称"前凉"。

晋愍帝司马邺

??

群聊机器人

但不得不说，前凉对晋朝还是忠心的，除了张祚，张氏一族可是守护了凉州七十多年。拉这人进来就是为了夸一下"前凉"的。

< 　　　　　**华夏皇帝群（82）**　　　　　···

系统提示：秦景明帝苻健进入群聊

秦始皇嬴政

儿子，那个人来了。

秦二世胡亥

我准备好了。

汉高祖刘邦

冲冲冲！

秦景明帝苻健

哎呀，这不是秦始皇嘛。

秦始皇嬴政

你凭什么也定国号为大秦？你配吗？

秦景明帝苻健

我配啊，我建立的大秦挺猛的。

群聊机器人

知识点

公元350年，苻健占据关中，定都长安。公元351年，他僭称天王，国号大秦，史称前秦。公元352年，他在太极殿即皇帝位。苻健屡次作战征服其他反抗前秦的关内势力，还击败了北伐的晋军。

秦始皇嬴政

搞得像你叫大秦就能完成大一统一样。

秦景明帝苻健

那可说不准哦。我就叫就叫，你管得着嘛。我又不会像你一样二世而亡。

秦二世胡亥

汉高祖刘邦

这个嘲讽太狠了吧！

秦二世胡亥

我大秦要算的话也是有几百年的基业的。

秦景明帝苻健

数你最差！

秦二世胡亥

爹，我还是回去陪司马衷吧。

秦始皇嬴政

你果然还是没用啊！

< **华夏皇帝群（83）** ···

公元357年

系统提示：苻生进入群聊

秦始皇嬴政

就这？连个称号都没有？

群聊机器人

符生嗜虐成性，以宰人为乐，尽诛顾命大臣，杀害国舅强平。最后作茧自缚，被苻法、苻坚幽禁并废黜。

秦景明帝苻健

当初父亲苻洪说你长大后会很残暴，祸害家人，让我除掉你。我以为你长大后会学好，没想到还是如此。

群聊机器人

苻坚即位，自立帝号，称大秦天王，遣使逼符生自尽。符生临死前饮酒数斗，醉倒在地上，不省人事，被使者勒毙。

秦景明帝苻健

< **华夏皇帝群（84）** ...

公元360年

系统提示：前燕景昭帝慕容儁进入群聊

群聊机器人

慕容儁称帝后设置百官，迁都邺城，国势进入鼎盛时期，与东晋、前秦三足鼎立。

武悼天王冉闵

哟，你也进来了？快来，我们再打一架！

前燕景昭帝慕容儁

谁搭理你啊。

前燕景昭帝慕容儁

好遗憾啊！我刚检阅完军队，准备去攻打晋朝，结果就病情加重。希望他们能消灭晋朝跟秦，一统天下！

秦景明帝苻健

你想多了吧。

晋武帝司马炎

好久没看到我晋朝的消息了。

公元361年

系统提示：晋穆帝司马聃进入群聊

秦始皇嬴政

@晋武帝司马炎 你的嘴怕不是开过光？

晋武帝司马炎

呸呸呸！

群聊机器人

司马聃两岁就即位，所以才这么久都没有晋朝的消息。司马聃在位期间先后令殷浩、外戚褚裒等人对北方游牧民族和周边割据政权发动了数次大大小小的战争，虽互

知识点

有胜负，但南北方军事水平仍处于相持阶段。

秦始皇嬴政
你们东晋的皇帝真的命都短啊！

华夏皇帝群（86）

系统提示：李势进入群聊

群聊机器人
公元347年，东晋大司马桓温率军伐汉，李势兵败投降，成汉灭亡，桓温将李氏东迁建康，封李势为归义侯。

成武帝李雄
什么？我家灭亡这么久，你怎么才说出来？

群聊机器人
他都没进来我怎么会说哦。你自己也不主动问这几年进来的人。

晋武帝司马炎
哈哈哈哈哈哈，终于有我大晋朝的好消息了！

公元365年

系统提示：晋哀帝司马丕进入群聊

晋成帝司马衍

没想到我儿子还是做了皇帝。

晋哀帝司马丕

那可不，我做皇帝没多久，就下令减免赋税。冬天的时候考虑到民众生活艰难，我还赏赐大米给贫穷户。我还亲自下田当农民，体验种田的生活。

晋成帝司马衍

我算算你这也才二十五岁啊，正是大展身手的时候啊！

晋哀帝司马丕

我一向喜欢长生不老之术，按照道士传授的长生法，断谷、服丹药，最后就中毒死了。

秦始皇嬴政

这方面其实我也是有点儿研究的。虽然自己现在已经死了，但是在这群里我感觉自己就像长生不老一样，可以看着你们一个个进来，哈哈哈哈。

群聊机器人

顺便说一句，司马丕的书法也是非常好呢！

晋哀帝司马丕

那可不，我们晋朝有个叫王羲之的，书法真是绝了，特别是他那《兰亭序》，不得了哦。

群聊机器人

王羲之就是琅琊王氏一脉。

< **华夏皇帝群（88）** ···

公元372年
系统提示：晋简文帝司马昱进入群聊

晋明帝司马绍

哇，六弟，怎么会是你当下一个皇帝啊？

晋哀帝司马丕

不好意思，我没有子嗣。不对啊，母后应该会让我弟弟当皇帝才对呀。

晋简文帝司马昱

本来是你弟弟司马奕当皇帝的，但是在去年他被大司马桓温给废了。

晋哀帝司马丕

他的野心果然还是暴露了呀。

晋明帝司马绍

我的驸马为何会做出这种事来？

群聊机器人

> **知识点** 桓温其实本来是想废掉司马奕自立为帝的，终因第三次

北伐失败而令声望受损，受制于朝中王谢势力而未能如愿。后来就说司马奕那个啥，不能生育子嗣，后宫生的三个孩子可能不是皇帝亲子，于是废掉了司马奕，立司马昱为帝。

晋简文帝司马昱

有什么用呢？桓温主控朝政，一步步要消灭反对势力，我仅能"拱默守道而已"。我在位仅八个月后，便因忧愤而崩。

秦始皇嬴政

当初司马炎说很久没看到晋朝的消息了，结果连着来了好几个，真牛哦。

公元384年

系统提示：前燕幽帝慕容暐进入群聊

前燕幽帝慕容暐

爹啊！苻坚太猛了啊，我们大燕已经亡国十四年了。

武悼天王冉闵

哈哈哈哈哈哈哈哈哈！

前燕景昭帝慕容儁

你这么不中用？！

前燕幽帝慕容暐

但是问题不大，去年他去攻打晋朝以多打少结果大败，叔父慕容垂与弟弟慕容泓先后举兵建国反秦。

秦始皇嬴政

以多打少都能输？

前燕幽帝慕容暐

我本来想找机会行刺他的，结果失败，反被杀了。

群聊机器人

知识点

没事，你叔父慕容垂建立了"后燕"政权、慕容德建立了"南燕"政权、弟弟慕容泓建立了"西燕"政权。

秦始皇嬴政

一下子蹦出来三个政权，够可以的啊。

< **华夏皇帝群（90）** ···

公元385年

系统提示：前秦宣昭皇帝苻坚进入群聊

群聊机器人

凤凰凤凰止阿房，凤凰凤凰止阿房，凤凰凤凰止阿房……

前秦宣昭皇帝苻坚

啊？我刚进来你就开始了吗？

秦始皇嬴政

阿房？阿房宫吗？你们是完成了我的心愿了吗？

前秦宣昭皇帝苻坚

不好意思，是阿房城啦。唉！我差点儿就能一统天下了！

晋武帝司马炎

听说你以多打少，都被我们晋朝打败了呀。

群聊机器人

当初苻坚即位，自降帝号为天王，今年被追谥为秦宣昭皇帝。

知识点

秦始皇嬴政

麻烦加个"前"，谢谢！

前燕幽帝慕容暐

没想到我去世后一年你就进来了。上天真的是太好了，哈哈哈哈！

前秦宣昭皇帝苻坚

你当初跪地痛哭流涕，叩头咚咚作响，忏悔不已，我不舍得宰你，没想到你居然还想行刺我！

前燕幽帝慕容暐

我的心中只有大燕！

前秦宣昭皇帝苻坚

我统一北方没多久，现在估计又要被你们弄得四分五裂了！

知识点

符坚开创晋朝北方游牧民族政权十六国中唯一治世，史称"关陇清晏，百姓丰乐"。

前秦宣昭皇帝苻坚

我知道你说的就是我。我那以消弭民族矛盾，将各民族和平融入华夏的目标不知道后世能不能实现了。

晋武帝司马炎

那你还来攻打我晋朝？

前秦宣昭皇帝苻坚

为了完成大一统不就得这样，在南征北战的过程中，我可是从未有一次屠城暴行。淝水之战是我一生的败笔啊！没想到最后被自己手下姚苌所害，当初他要被斩，还是我把他给救下来的！

群聊机器人

顺便说一句，这个姚苌背叛前秦，自称"万年秦王"，史称后秦。

秦始皇嬴政

我当初看到前秦就知道肯定还有个后秦！

群聊机器人

你可真棒哦！

公元 386 年

系统提示：前秦哀平帝苻丕和西燕威皇帝慕容冲进入群聊

群聊机器人

这里说一下啊，因为西燕国存在时间过短且国力不盛，史学家就未对该政权单独列出，故西燕政权不在十六国之内。

知识点

前秦宣昭皇帝苻坚

你俩怎么一起进来了？

群聊机器人

苻丕因猜忌苻纂，担心会被苻纂所害，于是率几千骑兵南奔东垣，被东晋扬威将军冯该击败并宰了。

晋武帝司马炎

能看到我晋朝的消息我就很激动，不知道为什么，哈哈哈哈！

群聊机器人

慕容冲畏惧后燕的强盛，欲久踞关中，致使鲜卑人都十分怨恨，左将军韩延顺应众人的不满，率领鲜卑人攻打慕容冲，他就这样死了。

前秦宣昭皇帝苻坚

凤皇啊，我对你的恩情如何，你当初为什么要背叛我？

西燕威皇帝慕容冲

我对你只有恨！

前秦宣昭皇帝苻坚

我虽然灭了你们国家，但我待你们如何？你们家族兄弟子侄都是高官厚禄。真后悔不听王猛和苻融之言，才让你们猖狂至此！

西燕威皇帝慕容冲

没用，都没用！

秦始皇嬴政

系统提示：晋废帝司马奕进入群聊

晋武帝司马炎

当我刚才的话没说。这个之前已经认识过了，没必要说了，大家解散吧。

群聊机器人

还有一句要说，他是东晋唯一一位在位期间被废的皇帝。

知识点

174

晋武帝司马炎

嫌弃

华夏皇帝群（94）

公元393年

系统提示：后秦武昭帝姚苌进入群聊

秦始皇嬴政

这就是那个什么"万年秦王"？

前秦宣昭皇帝苻坚

没错，就是他！

秦始皇嬴政

现在真的是什么阿猫阿狗都能用我大秦国号了！

前秦宣昭皇帝苻坚

你骂归骂，不要扯到我行不行？

后秦武昭帝姚苌

苻坚你是不是对我做了什么？为何我常梦到成神的你带领天兵追杀我，太吓人了。

前秦宣昭皇帝苻坚

让你背叛我！活该！这就是心虚！

后秦武昭帝姚苌

我只是为了完成兄长的遗命，并不是我的错啊。

前秦宣昭皇帝苻坚

啊？臭不要脸！

华夏皇帝群（95）

公元394年

系统提示：前秦高帝苻登进入群聊

群聊机器人

苻登即位后，大赦境内，屡次征伐后秦，最后遭到后秦姚兴的攻击，兵败而亡。

后秦武昭帝姚苌

呀，我儿子还挺猛啊。

前秦宣昭皇帝苻坚

华夏皇帝群（96）

系统提示：前秦末代皇帝苻崇进入群聊

群聊机器人

苻登的儿子苻崇即位后，遭西秦武元王乞伏乾归驱逐，

知识点

知识点

176

而投奔陇西王杨定，并与杨定联合对抗西秦。战斗开始时前秦军大胜，不久遭西秦军反败为胜，与杨定一同遇害，前秦政权灭亡。

前秦宣昭皇帝苻坚

不是吧，搞啥玩意儿呢？

秦始皇嬴政

等等，这个西秦又是从哪里蹦出来的？

群聊机器人

西秦由陇西鲜卑族（也有人说是匈奴）首领乞伏国仁所建，也是十六国之一，但是他们没人称帝我就没拉人进来。

秦二世胡亥

爹，我害怕到时候又有个东秦出来。

秦始皇嬴政

你可快闭嘴吧，别说了。

华夏皇帝群（97）

公元396年

系统提示：后燕成武帝慕容垂进入群聊

前秦宣昭皇帝苻坚

又一个背叛我的人进来了。

后燕成武帝慕容垂

这不叫背叛，这叫复国。

群聊机器人

知识点 晋朝的你们要感谢这个人哦，他在公元369年，击败了东晋大司马桓温，重挫了桓温篡晋的步伐，不然你们晋朝估计就真被篡位喽。

后燕成武帝慕容垂

小事小事，谁让我没输过呢。

晋武帝司马炎

这……

汉高祖刘邦

我觉得没必要，你们晋朝躲得了初一，躲不了十五，我感觉就这样子迟早得……

晋武帝司马炎

你在胡言乱语什么呢?

群聊机器人

知识点 慕容垂一生未尝败仗，后世称之为"十六国第一战神"。

秦始皇嬴政

那为什么会投奔苻坚呢?

后燕成武帝慕容垂

因遭到太傅慕容评、太后可足浑氏联手迫害，逼不得已才去投奔的。

群聊机器人

慕容冲啊，你的西燕在前年被慕容垂给灭了。

西燕威皇帝慕容冲

本是同根生，相煎何太急！

魏文帝曹丕

有没有经过我弟弟同意啊，就用他的诗句。

后燕成武帝慕容垂

还不是因为你那西燕的末代皇帝慕容永，居然敢杀我的子孙，而且不分男女老幼。

群聊机器人

你别把前燕幽帝慕容暐给漏了啊，他的子孙在西燕国内的也都被杀了。

西燕威皇帝慕容冲

华夏皇帝群（98）

系统提示：晋孝武帝司马曜进入群聊

晋孝武帝司马曜

祖宗们！谢玄、谢安等击败前秦大军，赢得淝水之战的胜利，保全了我们晋王朝的国运。

晋武帝司马炎

这我们早就知道了，你看苻坚都在群里。

晋孝武帝司马曜

这样子啊。

群聊机器人

你来说说你是怎么死掉的吧。

晋孝武帝司马曜

这不太好吧？

群聊机器人

你不说我可说了。他喝完酒后对他宠幸的张贵人说第二天要废了她，其实是开玩笑的。可谁能想到这个张贵人叫心腹宫女趁司马曜熟睡之际，用被子把睡梦中的他给活活捂死了。

晋武帝司马炎

秦始皇嬴政

这……我当初没立皇后是对的。

晋武帝司马炎

我的后代怎么有这么多迷惑的操作啊？

公元398年

系统提示：后燕惠愍帝慕容宝进入群聊

前秦宣昭皇帝苻坚

> 慕容垂啊，你们后燕没了你也就不行喽。

后燕成武帝慕容垂

> 发生了什么？还不快如实报来。

后燕惠愍帝慕容宝

> 拓跋珪的大魏来袭啊。

魏武帝曹操

> 好家伙，又来了一个"魏"！

群聊机器人

> 公元386年，拓跋珪趁前秦四分五裂之际在牛川自称代王，重建代国。同年，改称魏王。公元398年，正式定国号为"魏"，史称"北魏"。

知识点

前秦宣昭皇帝苻坚

> 拓跋珪这娃娃当初我就觉得不一般。

后燕惠愍帝慕容宝

> 这中间过程太复杂了……我自己都不知道该怎么说清楚。反正就是我没打过北魏，回到了龙城，结果被兰汗谋害了。

后燕成武帝慕容垂

什么？小舅子居然把你给杀了？

后燕惠愍帝慕容宝

是的，你没听错。

秦始皇嬴政

说实话，我已经有点儿混乱了。

< **华夏皇帝群（100）** ···

公元399年

系统提示：后凉懿武帝吕光进入群聊

前秦宣昭皇帝苻坚

吕光？

后凉懿武帝吕光

天王！没想到能再次跟你相遇，当年听闻噩耗，悲痛欲绝啊。

前秦宣昭皇帝苻坚

小子有出息啊！都当皇帝了。

后凉懿武帝吕光

这不是家回不去了，只能入主这凉州。

群聊机器人

知识点 前秦因淝水之战战败而国乱，吕光率军东归消灭凉州刺

182

史梁熙，入主凉州。公元396年，改称天王，国号"大凉"。有些人会问天王是什么意思，天王就是历史上最高统治者的尊称，与天子同义。

秦始皇嬴政

谁问了？

群聊机器人

不告诉你。

群聊机器人

吕光也是历史上第一个真正意义上的"太上皇"。

秦始皇嬴政

首位太上皇不应该是我爹吗？

群聊机器人

请审题，真正意义上，就是当过皇帝然后在世并禅位给儿子的。

后凉懿武帝吕光

当初我是病重了才传位给太子，没想到还得到了这么个称号。

晋惠帝司马衷

我不也是被称为"太上皇"吗？

群聊机器人

你被你的长辈称为"太上皇"，你也好意思哦。

系统提示：吕绍进入群聊

后凉懿武帝吕光
啊？什么意思，难不成看你爹死了你痛不欲生，跟着一起来了？

吕绍
吕纂篡位，我逃到紫阁上自尽了。

后凉懿武帝吕光
什么？他不是说过他不会有二心吗？！

吕绍
我本来想让位给他，他不要，没想到后面又来这出。

秦始皇嬴政
好家伙，这场面好像之前见过啊。

赵武帝石虎
哟，这小伙子跟我一样的套路嘛。

秦始皇嬴政
哈哈哈哈，没想到你还有脸说！

赵武帝石虎
谁让我是个猛男呢！

公元401年

系统提示：后凉灵皇帝吕纂进入群聊

后凉懿武帝吕光

你当初是怎么答应我的？然后又是怎么做的？

后凉灵皇帝吕纂

爹，我错了。我这也不罪有应得了嘛，被堂兄弟吕隆、吕超等人谋害了。

群聊机器人

吕纂在位时，出游打猎没有节制，沉溺酒色，不听大臣劝谏。出兵征伐南凉，被南凉军挫败而仓皇撤军。

后凉懿武帝吕光

你居然还好意思篡位？！

后凉懿武帝吕光

嫌弃

系统提示：后燕昭武帝慕容盛进入群聊

后燕昭武帝慕容盛

@后燕惠愍帝慕容宝 爹，我为你报仇了！

后燕成武帝慕容垂

爱孙，你怎么也这么快进来了啊？

后燕昭武帝慕容盛

发生了叛乱，在叛乱即将被平定的时刻，暗处藏匿的叛军突然偷袭我，最终遇刺而亡。偷袭真的臭不要脸！

后燕成武帝慕容垂

难道天要亡我大燕了吗？

公元405年

系统提示：南燕献武帝慕容德进入群聊

后燕成武帝慕容垂

弟弟，你这么能熬的吗？

南燕献武帝慕容德

哥哥，我称帝你不会怪我吧？

后燕成武帝慕容垂

你也可以选择不称帝啊！

南燕献武帝慕容德

这不是我们大燕被一分为二，大魏挡在中间了吗。我也是没办法啊，我在五年前才正式称帝的。本来想今年去攻打晋朝的，恰巧我生病了，便停止出兵。随后就一命呜呼了，不知道他们有没有完成我的遗愿。

晋武帝司马炎

又想来攻打我大晋？

南燕献武帝慕容德

你们晋朝已经快不行了，桓玄都叛乱篡位了。

晋武帝司马炎

你说什么？！

南燕献武帝慕容德

别慌，你们那儿有个叫刘裕的已经把此事摆平了。

汉高祖刘邦

刘裕，他姓刘！

群聊机器人

公元403年，桓玄威逼司马德宗禅位，在建康建立桓楚。由于存在时间不超过三年，也不算在十六国里，就不拉了哈。

知识点

秦始皇嬴政

你可真的懒。

公元407年

系统提示：后燕昭文帝慕容熙进入群聊

后燕成武帝慕容垂

呀，怎么会是你当皇帝啊？

后燕昭文帝慕容熙

爹，有什么不可能的呢？

秦始皇嬴政

爹？

后燕成武帝慕容垂

我五十九岁的时候他才出生，别惊讶啊。

后燕昭武帝慕容盛

怎么会是你来当皇帝？

群聊机器人

群臣都希望立惠愍帝慕容宝第四子平原公慕容元，但是丁太后打算立慕容熙，于是废黜太子慕容定，把慕容熙迎进皇宫。最后慕容元也被赐死了。

后燕昭武帝慕容盛

伯母怎么会想着让你当皇帝啊？

后燕成武帝慕容垂

这个丁太后是慕容令的妻子吧，怎么变成太后了？

后燕昭武帝慕容盛

我登基的时候，追封伯父慕容令为献庄帝了，又将伯母丁氏尊为皇太后。

后燕成武帝慕容垂

很有孝心啊，那为何我嫡长子慕容令没进群？

群聊机器人

我怕拉进来会打架。慕容熙之所以能当皇帝就是跟丁太后也就是自己的嫂子私通了。

后燕成武帝慕容垂

什么？这个逆子！

后燕昭文帝慕容熙

谁让我年轻呢！

群聊机器人

偷偷告诉你们，慕容熙是你们后燕的末代皇帝，你们后燕实际上已经没有了。

后燕成武帝慕容垂

秦始皇嬴政

刺激！看得真刺激！

公元409年

系统提示：北燕惠懿帝慕容云进入群聊

后燕成武帝慕容垂

啊？什么情况，这不也还是我们大燕的吗？

群聊机器人

公元407年，冯跋起兵反叛，杀掉慕容熙，拥立慕容云即天王位，恢复高姓，所以应该叫高云了。

后燕惠愍帝慕容宝

我养你这么久，你居然恢复高姓？

北燕惠懿帝高云

我也不想当皇帝啊，是他们非要我当，最后被自己最信任的两个侍卫杀了。

群聊机器人

有一个点要说一下，高云是来自高句丽的皇帝。高云死后，冯跋自立为天王，仍以"燕"为国号，史称北燕。

后燕成武帝慕容垂

我不承认他们是大燕！

知识点

190

系统提示：北魏宣武皇帝拓跋珪进入群聊

后燕惠愍帝慕容宝

爹，就是这个人！攻打我们大燕！

北魏宣武皇帝拓跋珪

这是哪里哦？怎么有这么多敌人在这边？

群聊机器人

拓跋珪对内励精图治，实行一系列改革（拓跋珪改革），推动鲜卑政权进入封建社会。对外击败贺兰部、铁弗、高车、柔然等草原诸部，并与后燕、后秦争霸于中原，于参合陂之战大败慕容宝，又在柴壁之战击溃姚兴。

知识点

后秦武昭帝姚苌

居然还打败了我儿子，这么嚣张吗？

北魏宣武皇帝拓跋珪

打他们还不是简简单单、轻轻松松吗？

群聊机器人

拓跋珪执政晚期沉湎酒色，刚愎自用，不睦兄弟。在自己儿子拓跋绍发动的宫廷政变中，遇弑身亡。

后秦武昭帝姚苌

被自己儿子行刺，你是头一个啊。

华夏皇帝群（108）

公元410年

系统提示：南燕末代皇帝慕容超进入群聊

慕容超

叔叔@南燕献武帝慕容德 我们大燕亡了啊！

群聊机器人

我直接说怎么亡的吧，他掠扰东晋边境，导致东晋刘裕领兵攻打。城破被俘，南燕灭亡，随亲族数千人遇害于建康。

秦始皇嬴政

这是什么操作？

晋武帝司马炎

这个刘裕看样子有点儿东西啊！

华夏皇帝群（109）

公元416年

系统提示：吕隆进入群聊

群聊机器人

公元401年，吕隆的弟弟吕超杀掉吕纂，拥立吕隆即位。公元403年，在南凉和北凉夹攻之下，吕隆被迫投降后秦。今年吕隆因与其子吕弼谋反而被杀。

知识点

知识点

后秦武昭帝姚苌

投降我大秦了还想谋反？

前秦宣昭皇帝苻坚

搞得像你不是一样？

群聊机器人

有人会问怎么没有南凉、北凉、西秦等政权的人进来，因为他们只是称王没有称帝，后凉其实也只是称天王，但是在他们看来天王跟皇帝是一样的级别，所以谥号都会带有帝号的，拉后凉其实就是想让大家知道有这么一个"太上皇"存在。

华夏皇帝群（110）

系统提示：后秦文桓帝姚兴进入群聊

后秦武昭帝姚苌

儿啊，活得挺久啊？

后秦文桓帝姚兴

爹，你这说的是啥话呢？

群聊机器人

公元399年，姚兴统一关陇地区，实现后秦、北魏、东晋三足鼎立。他率兵南伐东晋，攻陷洛阳，基本控制黄河、淮河、汉水流域。

知识点

后秦武昭帝姚苌

那么多年前的事你现在才说？你就不能实时播报吗？

群聊机器人

那不行，我这是做总结用的。

后秦文桓帝姚兴

谁能想到晚年几个儿子在那边争太子位，搞得政局不稳，动摇了国本。

< **华夏皇帝群（111）** ···

公元417年

系统提示：后秦末代皇帝姚泓进入群聊

后秦文桓帝姚兴

这……

群聊机器人

东晋刘裕率军北伐后秦，姚泓投降，后秦灭亡。

知识点

晋武帝司马炎

刘裕牛啊！

秦始皇嬴政

这就是你们所谓的大秦？

公元419年

系统提示：晋安帝司马德宗进入群聊

晋安帝司马德宗
阿巴阿巴阿巴……

晋武帝司马炎

群聊机器人
司马德宗是个白痴皇帝，连冬夏、冷暖、饥饱的区别都分不出来，也不会说话，衣食起居若没有人照顾，根本就不能自理。

秦始皇嬴政
@晋宣帝司马懿 真有你的。

晋宣帝司马懿
干吗干吗，都隔了几代了也不想想，别扯到我身上啊。

晋武帝司马炎
不是吧，那我这个傻后辈是怎么死的？

群聊机器人
他被刘裕给谋害了呀。

晋武帝司马炎

啊？我收回之前夸刘裕的那些话。

华夏皇帝群（113）

公元421年

系统提示：晋恭帝司马德文进入群聊

晋恭帝司马德文

祖宗们！我们大晋朝亡了啊！

晋武帝司马炎

你说什么？

晋恭帝司马德文

我去年被逼禅位于刘裕，我们晋朝自此灭亡。

群聊机器人

公元420年，刘裕代晋称帝，降封司马德文为零陵王，东晋灭亡。刘裕改国号为"宋"，史称其建立的政权为"南朝宋""刘宋"。

知识点

晋恭帝司马德文

他居然还派人给我送上毒酒，逼我快饮。我肯定不喝啊，就被拉去床上，用被子把我闷死了。

群聊机器人

司马德文成为历史上第一位被谋害的禅让君主。两晋共传十五帝，共一百五十五年。

知识点

晋宣帝司马懿

我这辛辛苦苦隐忍几十年换来的机会，现在被你们给糟蹋没了。

魏武帝曹操

仲达啊，都过多久了，没必要了。过来泡泡茶吧。

12:03

群聊机器人

第八章

群聊机器人

南北朝时期

宋武帝刘裕

公元422年

系统提示：宋武帝刘裕进入群聊

晋武帝司马炎
刘裕！

宋武帝刘裕
在这儿呢。

晋武帝司马炎
你为何要夺我大晋江山？

宋武帝刘裕
你为何要夺曹魏江山？

魏文帝曹丕
问得好啊！

秦始皇嬴政
又开始了熟悉的剧情。

宋武帝刘裕
你别以为我就只有一个人。@汉高祖刘邦 我可是你弟弟楚元王刘交的后人啊。

汉高祖刘邦

汉高祖刘邦

你说的是真的吗？

宋武帝刘裕

你看我是不是姓刘？

汉高祖刘邦

哈哈哈哈哈哈哈，好啊，我就说我大汉迟早会回来的。

汉武帝刘彻

不对啊，那你是我们大汉的后人，怎么你的称号写着宋武帝呢？

宋武帝刘裕

这个嘛，我一开始是宋王，所以国号就写"宋"了。

后秦武昭帝姚苌

你居然灭我大秦？！

宋武帝刘裕

我灭的又不止你一个。大燕那边怎么没人出来说话呢？

群聊机器人

刘裕对内平定孙恩起义，消灭桓楚、西蜀及卢循、刘毅、司马休之等割据势力，使南方出现百年未有的统一局面。对外消灭南燕、后秦等国，降服仇池，又以却月阵大破北魏铁骑，收复淮北、山东、河南、关中等地，光复洛阳、长安两都。

知识点

秦始皇嬴政

司马炎，瞧瞧人家，在给你们家收拾烂摊子呢。

群聊机器人

刘裕被史家誉为"定乱代兴之君"。

宋武帝刘裕

只可惜我计划征伐北方魏朝，尚未出师，便因病逝世，再给我点儿时间我定能重回北方！

北魏宣武皇帝拓跋珪

别太自信，我们大魏也不是好惹的。

< **华夏皇帝群（115）** ···

公元423年

系统提示：北魏明元帝拓跋嗣进入群聊

群聊机器人

知识点 拓跋嗣虽然英年早逝，但是在北魏开国历史中具有承先启后的重要地位。

宋武帝刘裕

你怎么就紧跟着我的脚步了？

北魏明元帝拓跋嗣

听说你去年还想北伐呢？

宋武帝刘裕

我就要打你，怎么着？

北魏明元帝拓跋嗣

可惜是我笑到了最后啊，哈哈哈哈哈。你死后，我御驾亲征，夺取青州、兖州、豫州、司州领土三百多里，又攻占虎牢关。

宋武帝刘裕

什么？！就会欺负我儿子，就会欺负年轻人，你还会干吗？

北魏明元帝拓跋嗣

主要是我听说你儿子也不管理国家大事。啧啧啧，拿下你们是迟早的事。

宋武帝刘裕

我的心腹大将他们在干吗呢？白托孤了吗？

群聊机器人

此役称为南北朝时期第一次南北战争，最终以北魏的大胜而告终。

知识点

宋武帝刘裕

南北朝是个嘛称呼？

群聊机器人

就是南方和北方处于分裂状态，各有政权，史学家称为"南朝"和"北朝"，那合起来就是南北朝了。每一个时期总要有一个称呼，是吧?

宋武帝刘裕

叫我宋朝不就好了。

群聊机器人

这个你再等个几百年就明白了。

宋武帝刘裕

北魏明元帝拓跋嗣

不对啊爹，我不是把你谥号改为道武皇帝了吗? 你怎么还在用以前的?

北魏宣武皇帝拓跋珪

没人跟我说啊。

群聊机器人

你们北魏的人有事没事就改谥号，还追谥那么多皇帝，是不是对我有意见，故意增加我的工作难度!

北魏道武皇帝拓跋珪

我自己改，我自己改，不劳烦您动手。

公元424年

系统提示：宋少帝刘义符进入群聊

宋少帝刘义符

> 爹！我被权臣徐羡之、谢晦等人废了，徐羡之又派人把我给杀了。

宋武帝刘裕

> 我听说你不管理国家大事，只知道玩耍嬉戏？

宋少帝刘义符

> 我才十九岁而已啊！

秦始皇嬴政

> 我十三岁就登王位了，你十九岁算个啥？

宋武帝刘裕

> 就是就是，为了国家他们把你废了还情有可原，但是把你杀了就过分了。

宋少帝刘义符

> 我的大好年华啊！

宋武帝刘裕

> 就当作来陪父亲吧。

华夏皇帝群（117）

公元425年

系统提示：夏武烈帝赫连勃勃进入群聊

宋武帝刘裕
> 这人我跟他打过交道，只能说"吾所不如也"！

群聊机器人
> 赫连勃勃是铁弗匈奴部人，是匈奴右贤王刘去卑的后代，与前赵光文帝刘渊同族。

知识点

汉武帝刘彻
> 又是个匈奴人？

秦始皇嬴政
> 揍他！揍他！揍他！

华夏皇帝群（118）

公元430年

系统提示：北燕文成帝冯跋进入群聊

北燕文成帝冯跋
> 你们都不知道我刚才经历了什么！

秦始皇嬴政
> 你倒是说啊？

北燕文成帝冯跋

我看见我弟弟冯弘带人进来杀了好多人。

群聊机器人

你的妃子宋夫人，打算立自己的儿子冯受居继位，你弟弟冯弘知道后，带人来阻止她的阴谋。其实你弟弟早就有篡位之心，最后逼迫太子冯翼自尽，你的儿子一百余人，全被冯弘杀了。

北燕文成帝冯跋

??

秦始皇嬴政

一百多个儿子？真能生啊。

公元432年

系统提示：夏末帝赫连定进入群聊

群聊机器人

这个其实是胡夏的第三位皇帝，第二位还在北魏那儿没死呢。

北魏明元帝拓跋嗣

我儿子怎么还没统一北方啊？

群聊机器人

赫连定还想联合刘宋攻打北魏，结果被你儿子知道了，他就进群聊了。

北魏明元帝拓跋嗣

哈哈哈哈哈！

< **华夏皇帝群（120）** ···

公元434年
系统提示：夏废帝赫连昌进入群聊

群聊机器人

知识点 ▶ 赫连昌在公元428年参加上邽会战，马失前蹄，兵败受擒。今年背叛北魏向西逃走，被抓住并杀掉了。

秦始皇嬴政

这样啊。

< **华夏皇帝群（121）** ···

公元438年
系统提示：北燕昭成帝冯弘进入群聊

群聊机器人

知识点 ▶ 公元436年，北魏兵临城下，冯弘逃往高句丽。两年后，被高句丽国王杀掉。

北燕文成帝冯跋

你终于进来了，弟弟，是时候算算账了。

华夏皇帝群（121）

公元439年

知识点

群聊机器人

拓跋焘统一北方，进入南北朝时期。南朝始于公元420年，北朝始于公元439年。

晋武帝司马炎

想念晋朝的不知道第几年。

宋武帝刘裕

听说你之前还夸赞过我。

晋武帝司马炎

你听错了。

群聊机器人

其实你应该从西晋灭亡后就可以开始怀念了，因为毕竟东晋是司马睿那一脉的呀，他的爷爷司马伷跟你爹是同父异母。

晋武帝司马炎

那我是不是晋朝的开国皇帝？他们是不是还在用着晋朝的名号？是不是姓司马？身上是不是都有着我爷爷司马

懿的血统？那大家都是一家人嘛。

群聊机器人

这……那你说别人家的孩子是你的后代就不对了呀。

晋武帝司马炎

是我们晋朝的后人有错吗？

秦始皇嬴政

还是你会说啊！你看你的儿子脑子有问题，你那侄子司马睿的后人也是个瓜娃子，你们唯一有联系的地方就是司马懿！破案了！

晋宣帝司马懿

啊？你好像很针对我。

秦始皇嬴政

我只是帮他们找找原因而已啦。

公元452年

系统提示：北魏太武帝拓跋焘进入群聊

秦始皇嬴政

现在进群速度就慢下来了呀。

北魏道武皇帝拓跋珪

当初我看这孩子体态容貌与常人大不相同，我就觉得将来能达成我的心愿的必定是他，他果然统一了北方，怎么没有去打刘宋呢？

北魏太武帝拓跋焘

爷爷，我去打了呀，都"饮马长江"了。

北魏道武皇帝拓跋珪

不错不错。

北魏太武帝拓跋焘

谁让他们把檀道济给杀了呢，南方就再没有可畏惧的人了。

宋武帝刘裕

什么？！

群聊机器人

史籍有两种说法，第一种是宋文帝刘义隆下诏处死了檀道济，第二种是刘义康下矫诏谋害了檀道济。

北魏太武帝拓跋焘

我不管是谁哦，反正没了檀道济就轻松多了。

北魏明元帝拓跋嗣

儿啊，我记得你登基的时候才十六岁，是吧？

北魏太武帝拓跋焘

是啊。

北魏明元帝拓跋嗣

刘裕他儿子都十九岁了，还在那边说自己太年轻了，需要多玩玩，真搞笑。

宋武帝刘裕

北魏太武帝拓跋焘

好吧。

北魏太武帝拓跋焘

知识点

我心怀"廓定四表，混一戎华"之志，亲自率军征战，周旋于险境。攻灭胡夏、北燕、北凉，征伐山胡，降伏鄯善、龟兹、粟特等西域诸国，驱逐吐谷浑，统一北方。北逐柔然，驱敌万里。南击刘宋，"饮马长江"。

晋武帝司马炎

怎么儿子质量的差距这么大！

宋武帝刘裕

+1。

汉昭烈帝刘备

+1。

群聊机器人

拓跋焘被刘宋王朝誉为"英图武略，事驾前古"，超越冒顿和檀石槐。推行楷书，奠定魏碑基础，让百姓更便于识字；宣传礼义，崇尚儒学，推动了鲜卑族汉化发展；重视法制建设，确立了死刑复奏制度。

北魏太武帝拓跋焘

法者，朕与天下共之，何敢轻也？

北魏明元帝拓跋嗣

儿子，还没说你是怎么死的呢。

北魏太武帝拓跋焘

被自己的宦官宗爱给害了，他怕被我杀掉，就先下手把我给……

群聊机器人

拓跋焘晚年脾气暴躁，诛戮过多，常常在杀人之后后悔莫及。

北魏太武帝拓跋焘

我居然还听信谗言，冤枉了太子拓跋晃，害他因忧虑过度生病逝世。

秦始皇嬴政

怎么年轻时很有作为的皇帝，到了晚年都这么糊涂呢？

夏武烈帝赫连勃勃

汉武帝不在吧，我终于可以说说话了。

秦始皇嬴政

你的意思是怕他不怕我喽？

夏武烈帝赫连勃勃

他家不是人多嘛，你家才两个人。

秦始皇嬴政

汉高祖刘邦

老嬴啊，他这话说的我都看不下去了。

宋武帝刘裕

赫连勃勃，你可不是这样的人啊，傲慢、生性残忍、贪婪暴虐、不讲亲情的你哪儿去了？

夏武烈帝赫连勃勃

你也不看看这群里都是些什么人，我们要学会低调。

北魏太武帝拓跋焘

你建的那个统万城真的太厉害了吧，根本攻不下来，还好我用计让你儿子出城来追击，才打败了他。

夏武烈帝赫连勃勃

这也太蠢了吧！

系统提示：北魏敬寿帝拓跋余进入群聊

北魏太武帝拓跋焘

这不是我的儿吗？

群聊机器人

拓跋余被你的宦官宗爱杀了。

秦始皇嬴政

突然感觉一切都慢了下来，有点儿不习惯了。

汉高祖刘邦

经过我这几百年的观察来看，你这儿子肯定不咋地。

群聊机器人

拓跋余收买人心，将国库挥霍殆尽。不问国家大事，即使边境告急，也不出兵救助。听凭宦官宗爱身居宰相，专权跋扈。

知识点

汉高祖刘邦

都当皇帝了居然还不把那个宦官杀了！

北魏敬寿帝拓跋余

你这站着说话不腰疼，哪有这么简简单单？

群聊机器人

那确实简简单单啊。你死后，你侄子拓跋濬即位后立即就把宗爱给杀了，他才十二岁。

北魏敬寿帝拓跋余

秦始皇嬴政

@宋武帝刘裕 瞅瞅这个十二岁的少年！

宋武帝刘裕

你又开始阴阳怪气了。看到拓跋焘的儿子也就这样真开心，看来每个优秀的皇帝的儿子都不咋地啊！

汉武帝刘彻

胡说！看我爹跟我爷爷！还有我，我们祖孙三代多猛多优秀！

北魏太武帝拓跋焘

你这是不把我爹放在眼里吗？

群聊机器人

都开始比儿子了吗？等以后人齐了再比吧。

秦始皇嬴政

人齐？

群聊机器人

当我没说

公元453年

系统提示：宋文帝刘义隆进入群聊

群聊机器人

元嘉草草，封狼居胥，赢得仓皇北顾……

汉高祖刘邦

你居然还会作诗了啊。

群聊机器人

这不是我写的，哈哈哈……

群聊机器人拍了拍汉高祖刘邦问：你跟秦始皇嬴政比谁帅啊？

汉高祖刘邦

我最帅！

秦始皇嬴政

北魏太武帝拓跋焘

哟，这不是两次北伐都失败的刘义隆吗？

宋文帝刘义隆

其实是三次。

北魏太武帝拓跋焘

群聊机器人

知识点

去年宋文帝以北魏发生宫廷内乱为由发动北伐，除恢复了刘宋在许、洛中间一带的控制，基本无功而还。

北魏太武帝拓跋焘

就这？感谢你杀了檀道济。

宋文帝刘义隆

你不也把崔浩杀了吗？

宋文帝刘义隆拍了拍北魏太武帝拓跋焘的肱二头肌。

秦始皇嬴政

学得真快啊！

北魏明元帝拓跋嗣

你干吗把崔浩杀了？

北魏太武帝拓跋焘

爹，这之前不是就说了，我晚年经常杀人之后又很后悔。冲动是魔鬼啊！

宋武帝刘裕

@宋义帝刘义隆 徐羡之他们让你当皇帝到底是不是正确的？

群聊机器人

刘义隆当了皇帝后，以杀害少帝刘义符及刘义真的罪行治罪徐羡之、傅亮及谢晦。

宋武帝刘裕

宋文帝刘义隆

权臣不得不除啊！

汉高祖刘邦

懂得懂得。

群聊机器人

刘义隆翦除权臣后，延续宋武帝刘裕的治国方略，经济文化日趋繁荣，史称"元嘉之治"。

知识点

宋文帝刘义隆

爹，看到没有，让我当皇帝是正确的！

群聊机器人

军事上，遣将裴方明灭后仇池国，遣将檀和之重创林邑国，三度出师北伐北魏，无功而返。

宋文帝刘义隆

最后这个就没必要说了吧？

北魏太武帝拓跋焘

你也就只能欺负欺负别人了。

宋文帝刘义隆

谁能想到我最后是被皇太子刘劭所弑。这让我想起了某个人……

北魏道武皇帝拓跋珪拍了拍宋文帝刘义隆的屁股，说你真惨。

北魏道武皇帝拓跋珪

我们俩太惨了吧?

群聊机器人

刘劭其实今年在刘骏的讨伐下兵败被杀了，但是后世史家不承认他是南朝宋的正统皇帝，所以我就不拉进来了。

宋文帝刘义隆

别拉!

宋武帝刘裕

我怎么在群里找不到我爹啊，我不是把我爹刘翘追尊为孝穆皇帝了吗?

群聊机器人

没有啥知识点的拉进来干吗哦?

宋武帝刘裕

过分!

220

去年拓跋濬即位，追封他父亲拓跋晃为景穆皇帝，我也没拉进来。

华夏皇帝群（125）

公元464年

系统提示：宋孝武帝刘骏进入群聊

宋孝武帝刘骏

我爹呢？我爹呢？

宋文帝刘义隆

在呢，在呢。

宋孝武帝刘骏

刘劭这个浑蛋居然敢害您！我替您报仇了！

前秦宣昭皇帝苻坚

这种不孝子为什么不拉进来，被我狂喷一下。

宋文帝刘义隆

天王，你这个举动让我好感动。

前秦宣昭皇帝苻坚

你别，我们不熟，我只是最恨不孝子而已。

宋文帝刘义隆

[尴尬地笑笑]

群聊机器人

@宋武帝刘裕 你这孙子还嘲讽你，瞧不起没文化的你，把你以前住过的地方毁掉了，兴建了玉烛殿，批评说："田舍公得此，以为过矣！"

宋武帝刘裕

也不想想他现在的地位是怎么来的！

宋孝武帝刘骏

我错了，爷爷，这不是晚年比较糊涂嘛。

秦始皇嬴政

三十五岁叫晚年啊？

宋孝武帝刘骏

那我就活到三十五岁怎么不叫晚年呢？我年轻时还是挺不错的！我让颜师伯做青州刺史，又重用殷孝祖、卜天生等将领，击溃北魏军队，取得了宋魏第一次青州之战的胜利，收复了济水以北的失地，并进行了军制改革。我推行了一系列政治改制举措，削弱士族权力。我还尊孔崇佛，恢复礼乐。

知识点

群聊机器人

统治末年，大兴土木、滥用民力、奢侈无度、耽于享乐。过度削弱宗室力量，引发宗室内斗局面，动摇统治基础。

宋孝武帝刘骏

这些就没必要说了吧。

秦始皇嬴政

又是一个"前明后暗"的君主啊！

< **华夏皇帝群（126）** ···

公元465年

系统提示：北魏文成皇帝拓跋濬进入群聊

秦始皇嬴政

你们这两家怎么进来的时间都这么接近啊？

北魏太武帝拓跋焘

我的"世嫡皇孙"，你怎么就进群了？

北魏文成皇帝拓跋濬

得病了呗，为什么当皇帝得了病都治不好啊？

秦始皇嬴政

所以什么时候才能研究出来长生不老药啊？

汉高祖刘邦

别做梦啦，醒一醒，现在还是大白天。

北魏文成皇帝拓跋濬

我的皇后的爷爷是不是也在群里啊？

北魏太武帝拓跋焘

你的皇后是哪个？

北魏文成皇帝拓跋濬

名字忘记了，她姓冯，她爹叫冯朗。

北魏太武帝拓跋焘

那不是掖庭里的奴婢吗？

北燕昭成帝冯弘

冯朗是我的次子啊！

北魏文成皇帝拓跋濬

对对对！

北燕昭成帝冯弘

难以置信，我还能跟北魏攀上亲戚！

北燕文成帝冯跋

废物弟弟，能不能有点儿出息？

北魏文成皇帝拓跋濬

对了爷爷，我复兴佛教了。

北魏太武帝拓跋焘

啊？我刚灭掉你就复兴是什么意思？

北魏文成皇帝拓跋濬

佛教好啊，我还开凿了个云冈石窟。

知识点

北魏太武帝拓跋焘

真有你的！

华夏皇帝群（127）

系统提示：宋前废帝刘子业进入群聊

宋孝武帝刘骏

什么情况？废帝？

汉高祖刘邦

这个前废帝看着很醒目啊。

群聊机器人

@宋孝武帝刘骏 他被刘义隆第十一子，你弟弟刘彧给废了。刘子业这人我真的不知道要怎么去评价他。

宋武帝刘裕

这是个什么说法？

群聊机器人

刘子业狂悖，无人君之道，乱杀大臣，忌畏各位叔父，把他们囚禁在殿内，百般殴打侮辱……还有其他很变态的事情我就不说了。@宋孝武帝刘骏 为报以前殷淑仪得宠试图夺嫡之仇，你最喜爱的殷淑仪的墓葬都被你这儿子挖了，惨不忍睹。

秦始皇嬴政

还有这种人……

宋孝武帝刘骏

什么？这个逆子！

群聊机器人

还有，你那女儿刘楚玉更没法说……啧啧啧，你遗传的都是啥啊！

宋前废帝刘子业

还不是你们遗传的好啊。所以爹，你说殷淑仪到底是不是你堂妹啊？

宋孝武帝刘骏

群聊机器人

这些都是很有争议的啊，你别转移话题。

宋前废帝刘子业

爹，那你跟太后到底有没有一腿啊？

宋文帝刘义隆

群聊机器人

这个是北魏史学家写的啊，真实性有待考证。

宋文帝刘义隆

北魏臭不要脸，居然这么诋毁我们！

北魏太武帝拓跋焘

万一真有呢？这事也就只有他本人知道喽。

宋孝武帝刘骏

不是在批评子业吗？怎么突然转移到我身上了？

宋武帝刘裕

我该不会就是下个司马炎吧，看得脑壳疼。

宋文帝刘义隆

爹，有一说一，我真的还不错。拓跋焘那会儿亲率十万大军入侵宋国时，陈宪将军率领一千军士死守悬瓠城四十二日！北魏损失七万大军都没打下来。

知识点

北魏太武帝拓跋焘

往事也要提？后面啥样自己没点儿数吗？

宋武帝刘裕

说实话，以前都是我去打别人。

宋文帝刘义隆

秦始皇嬴政

这么巧，我也是去打别人。

汉高祖刘邦

<　　　　　　　**华夏皇帝群（128）**　　　　　　···

公元472年

系统提示：宋明帝刘彧进入群聊

宋前废帝刘子业

哟，这不是猪王吗？

宋明帝刘彧

这不是被我杀掉的侄子刘子业吗？

宋前废帝刘子业

当初就不应该听刘休仁的话！留着你，给你造反的机会。

群聊机器人

刘休仁怎么也没想到自己拥立刘彧当上皇帝后，刘彧却把他给杀了。

宋武帝刘裕

> 为什么都是在内斗啊，北伐呢？！

晋武帝司马炎

> 有点儿那味儿了。

宋明帝刘彧

> 我还以为刘子勋会在群里，没想到不在啊。

宋孝武帝刘骏

> 你把我儿子怎么了？

宋明帝刘彧

> 邓琬协同袁顗拥立刘子勋登基为帝，还来攻打我。

宋孝武帝刘骏

> 那为什么没拉他进来？

群聊机器人

> 因为他打输了啊，当时刘彧的弟弟们都在中央，支持兄长即位；孝武帝的儿子们则多在地方，支持刘子勋，这样形成了文帝系与孝武帝系内斗的局面，史称"义嘉之难"（因为几乎全国各地都使用刘子勋的年号义嘉）。

知识点

宋明帝刘彧

> 我虽然人少地少，但是我的军队猛啊。

群聊机器人

@宋孝武帝刘骏 你的子孙都被你的好弟弟给除掉了。

宋孝武帝刘骏

群聊机器人

他怕太子的皇位被夺取，就肆意诛杀皇亲宗室、功臣名将，削弱统治阶层力量，导致王朝自此衰败。

宋前废帝刘子业

你也就这样啊，哈哈哈哈！

宋武帝刘裕

越来越上头了，怎么办？

群聊机器人

刘彧生活奢靡过度，需要一件物品，往往制造九十件备用，正御、御次、副又各三十件。

秦始皇嬴政

好家伙，这么浪费？

宋明帝刘彧

当皇帝还怕没钱？

群聊机器人

听说刘彧没有生育能力，把嫔妃送给弟弟、大臣，所生的婴儿抱为自己的子女。

宋武帝刘裕
你是傻子吗？

群聊机器人
别激动，这也有可能是别人抹黑的。

晋武帝司马炎
我终于能体会到秦始皇吃瓜的乐趣了。

< **华夏皇帝群（129）** ···

公元476年

系统提示：北魏献文帝拓跋弘进入群聊

北魏献文帝拓跋弘
我怎么突然就一命呜呼了？

群聊机器人
有人说是冯太后毒害你，谁让你把她最宠爱的面首李奕给杀了呢。

秦始皇嬴政
还有太后毒害自己儿子的吗？

北魏献文帝拓跋弘
这你就不懂了吧，她不是我亲生母亲，我们的规矩就是谁当太子谁的母亲就要被除掉。

秦始皇嬴政

这是什么破规矩？

北魏道武皇帝拓跋珪

这不是在向汉武帝学习嘛。昔日汉武帝将立其子而杀其母，不令妇人参与国政，使外家为乱。汝将继统，故吾远同汉武，为长久之计。

汉武帝刘彻

吕后就是一个很鲜明的例子啊，前车之鉴摆在这儿呢。

北魏献文帝拓跋弘

感觉没啥用啊，冯太后也是长期摄政。我本来打算禅让于叔父京兆王拓跋子推，因众臣劝阻而作罢，遂禅让于太子拓跋宏，我自己当太上皇，专心修佛。

秦始皇嬴政

还能这样的？

北魏献文帝拓跋弘

但是我儿子还小，一切事务都还是我说了算。柔然来犯边境，我以太上皇身份，御驾亲征，大败柔然，一直追至大漠。

北魏道武皇帝拓跋珪

哟，小子不错嘛。

北魏献文帝拓跋弘

不知道我的儿子在冯太后的摄政下过得怎么样！

华夏皇帝群（130）

公元477年

系统提示：宋后废帝刘昱进入群聊

群聊机器人

> 刘昱才十五岁，为人凶狠残暴，搞得朝政混乱，是著名的暴君，最后被部下杀了。

晋武帝司马炎

我感觉你家估计要到头了。

汉武帝刘彻

你确定你是我们刘家血脉吗？怎么后代都如此残暴？

宋后废帝刘昱

要你管！

汉武帝刘彻

哟嗬？

宋武帝刘裕

这……我晕了。

公元479年

系统提示：宋顺帝刘準进入群聊

群聊机器人

知识点 刘準今年被迫禅位于萧道成，之后被杀死于丹阳宫，终年十三岁。

宋武帝刘裕

什么？！我的大宋，啊啊啊啊啊！

宋顺帝刘準

愿生生世世，再不生于帝王家。

晋武帝司马炎

舒服了，舒服了，这就很舒服了。

汉高祖刘邦

萧道成 …… 姓萧 …… 该不会是？

汉高祖刘邦

萧何的后人？！

群聊机器人

刘邦，真有你的，这都能猜到！

公元482年

系统提示：齐高帝萧道成进入群聊

宋武帝刘裕

是萧何后代又如何？你进来我还是要揍你！

齐高帝萧道成

说实话，你这不能怪我，是你的子孙骨肉相残，残暴无比。我在家睡午觉睡得好好的，刘昱闯了进来，用骨箭射中我的肚脐，你说吓人不吓人？这样的昏君我辅佐不了。

宋顺帝刘凖

我可啥都没做啊。

齐高帝萧道成

那没办法，我权力已经这么大了，皇位就在我眼前有不坐上去的道理吗？

汉高祖刘邦

说得也挺有道理。

宋武帝刘裕

啊？祖宗，你怎么能这么说啊？

汉高祖刘邦

对哦，突然想起你是我弟弟的后人。完了，我老刘家的江山怎么又没了。

秦始皇嬴政

别急，说不准以后还会有呢。

齐高帝萧道成

知识点

我当皇帝后革除弊政，俭约清明，减免百姓负担，宽简刑罚赋税，整理户籍，设立校籍官员，还是很不错的啊。

群聊机器人

而且你还是史上首位亲自著作围棋书籍的皇帝，《齐高棋图》的确是不错的。

秦始皇嬴政

这个文学修养对比就很明显了，再看看老刘家前面那几个，啧啧啧。

汉高祖刘邦

你又开始了哦。

< **华夏皇帝群（133）** ···

公元493年

系统提示：齐武帝萧赜进入群聊

齐武帝萧赜

爹，难受了哦，检籍政策实行不善，引发了富阳百姓唐寓之的叛乱。

齐高帝萧道成

龙儿，怎么会这样？

群聊机器人

公元486年，唐寓之以"抗检籍，反萧齐"为号召发起叛乱，但是很快就被你儿子镇压了。因为在检籍过程中也有大量的冤假错案，萧赜后来被迫停止检籍，并宣布"却籍"无效，恢复刘宋刘准时期户籍所载的原状。

知识点

齐高帝萧道成

这……

齐武帝萧赜

没办法呗，暴乱平定了，但庶族地主反检籍的斗争并没有停止。

齐高帝萧道成

除了这些，现在大齐怎么样了？

齐武帝萧赜

我崇尚节俭，关心百姓疾苦，多办学校，挑选有学问之人任教；对外与北魏通好，边境比较安定。

宋武帝刘裕

居然还与北魏通好？北伐啊！打他们啊！

齐武帝萧赜

休养生息多好。

公元494年

系统提示：齐废帝萧昭业进入群聊

齐高帝萧道成

曾孙子？才过一年怎么你就进来了？

群聊机器人

萧昭业即位之后，原形毕露，滥发赏赐，浪费奢靡，毫无一国之君的姿态。他架空太傅萧子良，杀害重臣王融，还给他父亲萧长懋戴绿帽子，简直就是"刘子业"翻版。

齐武帝萧赜

呸呸呸！

宋前废帝刘子业

我的翻版？他配吗？

宋武帝刘裕

哦吼吼，看戏喽，看戏喽！

齐高帝萧道成

这……

群聊机器人

萧昭业打算把萧鸾安排到西州去，让他管不着朝中的事情。萧鸾担心出问题，便废掉萧昭业的皇位，并把他杀死了。

系统提示：海陵恭王萧昭文进入群聊

齐高帝萧道成
又来一个？

齐武帝萧赜
这不是我另外一个孙子吗？

秦始皇嬴政
已经好久没有一年进两个皇帝了。

群聊机器人
萧昭文在辅政大臣西昌侯萧鸾的安排下，即位称帝。但是朝政大权完全掌握在萧鸾手中，废为海陵郡王后，萧鸾自己即皇帝位，最后把萧昭文给杀了，时年十五岁。

知识点

齐高帝萧道成
要做皇帝也轮不到他啊！他这属于篡位啊！

群聊机器人
萧鸾是以你第三子的身份即皇帝位的。

齐高帝萧道成
这臭不要脸的！侄子和养子也算子吗？

群聊机器人
还有更不好的事情，等他进来再说吧。

公元498年

系统提示：齐明帝萧鸾进入群聊

群聊机器人
他来了，他来了，他来了！

齐高帝萧道成
萧鸾，你凭什么当皇帝？还有，你做了什么对不起我们的事？

群聊机器人
你可以自己问问他。

齐高帝萧道成
@齐明帝萧鸾 出来！

齐明帝萧鸾
我怎么了？我当皇帝后辛辛苦苦整治吏政，发展生产，信任典签，监视诸王，抵御北魏南征。

齐武帝萧赜
说好的和好呢？居然就又开始南征了。

群聊机器人
问题不大，北魏皇帝元宏得知萧鸾去世后，下诏称说"礼不伐丧"，引兵而还。

北魏献文帝拓跋弘

我儿子居然这么仁慈的吗?

北魏太武帝拓跋焘

南征! 南征! 南征!

北魏太武帝拓跋焘

等等, 为什么叫元宏?

北魏献文帝拓跋弘

不对啊, 我儿子明明叫拓跋宏。

北魏太武帝拓跋焘

@群聊机器人 你快说说是咋回事。

群聊机器人

等到了明年你们就知道了。

齐明帝萧鸾

这个我知道欸!

群聊机器人

你闭嘴!

秦始皇嬴政

好啊, 你居然剧透他明年就会死!

汉高祖刘邦

他该不会改革汉化了吧, 加入我汉人的行列了?

241

北魏太武帝拓跋焘

怎么可能!

齐高帝萧道成

@群聊机器人 萧鸾说得挺好啊,没什么不好的事情啊。

群聊机器人

也就只是把你与萧赜的子孙全部都给杀了而已。据说萧鸾特别逗,在杀你们子孙前还去焚香拜佛,在佛像面前痛哭流涕。

齐武帝萧赜

呸呸呸!

齐高帝萧道成

儿子,我们要文明些,@齐明帝萧鸾 你在装什么呢?还痛哭流涕?

齐明帝萧鸾

公元499年

系统提示：北魏孝文帝拓跋宏进入群聊

北魏太武帝拓跋焘

这明明还是姓拓跋啊，@群聊机器人 你在胡说八道。

群聊机器人

公元496年，孝文帝下令改鲜卑复姓为单音汉姓，皇族拓跋氏改姓元氏，我这边没改是因为拓跋宏这个名字比较知名。

`知识点`

北魏太武帝拓跋焘

啊？好家伙，你怎么敢把祖宗的姓给改了！

北魏献文帝拓跋弘

冯太后把你给养成这样了？

北魏孝文帝拓跋宏

在冯太后的长期严格教育和直接影响下，我不但精通儒家经义、史传百家而才藻富赡，而且积累了丰富的治国经验。她去世后我还大哭了三天呢。

群聊机器人

孝文帝正式亲政后，重用汉人，在各方面进一步实施改革，全盘推行汉化，模仿汉人王朝的礼仪，作明堂、建太庙、正祀典、迎春东郊、亲耕藉田，祭祀尧舜禹、周公、孔子，养国老、庶老，允许群臣守三年之丧。

`知识点`

汉高祖刘邦

哈哈哈哈哈，又被我说中了！

前秦宣昭皇帝苻坚

汉化好啊！我当初"混一六合，以济苍生"之志，终于有朝一日被别人实现了。

北魏孝文帝拓跋宏

我临终前仍心怀"仰光七庙，俯济苍生"之志啊。还有，迁都洛阳真的是太好了，平城偏北地寒，六月飞雪，风沙常起，真的让人受不了。

北魏太武帝拓跋焘

你要挨爷爷揍了，迁都到洛阳不是离南朝更近了吗？

北魏孝文帝拓跋宏

平城不是个用武的地方，不适宜改革政治。我要移风易俗，非得迁都不可。放心吧，南齐打不过我们的。

齐明帝萧鸾

呀哈？！这么嚣张？

齐高帝萧道成

本来就是！你都没打过人家。

群聊机器人

知识点

拓跋宏整顿吏治，设立三长制，实行均田制，一系列的改制史称"太和改制"，使鲜卑经济、文化、社会、政治、军事等方面得到大大发展，缓解了民族隔阂。

前秦宣昭皇帝苻坚

做得真好！真好！真好！

北魏孝文帝拓跋宏

只可惜我的儿子不理解我的良苦用心啊，得到反对汉化的守旧贵族的支持，图谋变乱，最后被我杀了。

齐高帝萧道成

你汉化的目的怕不是为了大一统做准备吧？

北魏孝文帝拓跋宏

我就是带病南征，最后病逝的，为何天妒英才啊！

公元501年

系统提示：东昏侯萧宝卷进入群聊

齐明帝萧鸾

我不是把宗室叔伯兄弟们都给除掉了吗？为何我儿子这么快就进来了？

齐高帝萧道成

你还好意思说出来？

东昏侯萧宝卷

爹爹爹爹，雍州刺史萧萧萧萧萧衍起兵于襄阳，拥戴南康王王王王王王王萧宝融称称称称帝，领兵攻破建康，我被杀了。

秦始皇嬴政

你儿子怎么这样发消息啊？

群聊机器人

估计是因为他儿子名萧宝卷字智障吧，不对，打错了，是字智藏。

秦始皇嬴政

这个名字取得很有文化水准。

齐明帝萧鸾

不好意思，我儿子自幼口吃。

秦始皇嬴政

我们这个是打字，就没必要也口吃了吧？

东昏侯萧宝卷

对哦，一时间没改过来。

齐明帝萧鸾

不对，这不是重点啊！萧衍为何起兵造反？

群聊机器人

萧宝卷任内不修德行，宠信潘妃，任用奸佞，滥杀顾命大臣，引发萧遥光、陈显达和崔慧景的叛乱，加之裴叔业降魏，丢掉了南豫州之地。

北魏孝文帝拓跋宏

你们看，我就说南齐打不过我们的。

东昏侯萧宝卷

我这可是听父皇的话，对宰辅大臣稍不如意即加以诛杀，叛乱我也平定了。

群聊机器人

你平定叛乱之后更加昏暴，以致萧懿之弟雍州刺史萧衍发兵进攻建康。

群聊机器人

跟你们说，萧宝卷在皇宫里搞了个农贸市场，让宫女太监们扮演小贩，他的宠妃潘玉儿则为市令，也就是市场管理者，萧宝卷这个皇帝甘当副手。

齐明帝萧鸾

让你当的是皇帝！你做的都是些啥事？

东昏侯萧宝卷

开展一下副业嘛，增长一下社会经验。

秦始皇嬴政

这也太荒唐了吧！

公元502年

系统提示：齐和帝萧宝融进入群聊

东昏侯萧宝卷

这不是我亲爱的弟弟吗？不是刚当皇帝吗？怎么就进来了？

汉高祖刘邦

怕不是被篡位了？

群聊机器人

知识点

萧宝融被迫禅位给梁王萧衍，南朝齐灭亡。萧衍建立梁朝，史称"南梁"。

齐和帝萧宝融

我禅位给他，他居然一开始还假装不要，真能装。

秦始皇嬴政

见怪不怪，这边有好几个禅位推托了好几次，后面转身接受就把皇帝杀了的。

齐和帝萧宝融

居然还让我吞金自尽，这多难受啊！

齐明帝萧鸾

心疼……

齐和帝萧宝融

最后我选择喝酒喝到烂醉，然后被杀死。

齐高帝萧道成

反正我的大齐早就灭亡了，不痛不痒。

群聊机器人

说一个让你开心的事，萧鸾这一脉也绝后了。

齐高帝萧道成

舒服了，舒服了。

汉高祖刘邦

萧衍这个应该也还是萧何的后代吧。

群聊机器人

他是西汉相国萧何的二十五世孙，比萧道成小一辈。

汉高祖刘邦

从未想过萧何一脉会抢了我刘氏江山，我这就找他算账去！

< **华夏皇帝群（140）** ···

公元515年
系统提示：北魏宣武帝元恪进入群聊

北魏孝文帝拓跋宏

儿子，我走后你稳得住吗？

北魏宣武帝元恪

爹，你过分了，让我们改姓元，你怎么在群里还是姓拓跋？

群聊机器人

我备注的，怎么地。

北魏宣武帝元恪

那没事了。

北魏宣武帝元恪

知识点

我扩建了洛阳城，巩固汉化基础；向南朝发动一系列战争，攻取汉中、益州之地。向北攻打柔然，使得领土疆域大大拓展，国势盛极一时。

北魏孝文帝拓跋宏

可以啊，不愧是我儿子。

北魏宣武帝元恪

我还废除"子贵母死"的残暴制度。

北魏道武皇帝拓跋珪

什么意思？我定的规矩你居然敢废除？

北魏宣武帝元恪

我一生笃信佛教，规矩该废就得废。

北魏道武皇帝拓跋珪

好小子！

群聊机器人

元恪在位后半期，外戚高肇专权，朝政日趋黑暗，国力逐渐衰弱。

北魏孝文帝拓跋宏

北魏道武皇帝拓跋珪

华夏皇帝群（141）

公元528年

系统提示：北魏孝明帝元诩进入群聊

北魏孝明帝元诩

大家好，我是没干什么大事，就被我亲妈胡太后给毒害了的元诩。

北魏宣武帝元恪

北魏道武皇帝拓跋珪

看到没有！看到没有！让你废除我定的制度。

北魏宣武帝元恪

这······

系统提示：北魏幼主元钊进入群聊

北魏孝明帝元诩

这个不是元宝晖的儿子吗？

群聊机器人

你突然去世，胡太后先是将你的幼女（史称元姑娘）伪称为皇子拥立为帝，只当了一天，但不为史学家承认，后又改立年仅三岁的元钊为帝。

知识点

北魏宣武帝元恪

那他怎么就进来了？

群聊机器人

尔朱荣借口为孝明帝报仇，将幼主元钊和胡太后沉入黄河，拥立长乐王元子攸为帝。

北魏宣武帝元恪

善哉善哉！

群聊机器人

他做的还不止如此啊，纵兵杀死王公百官两千多人，北魏诸王元雍、元钦、元邵、元子正等全部遇害，史称

"河阴之变"。你们迁到洛阳的汉化鲜卑贵族和出仕北魏的汉世族大家都被消灭殆尽了。

北魏孝文帝拓跋宏

不！我接受不了！

群聊机器人

那没办法，事实摆在这儿了。

北魏道武皇帝拓跋珪

瞅瞅！不改制度不就没事了？

< **华夏皇帝群（143）** ···

公元531年

系统提示：北魏孝庄帝元子攸进入群聊

北魏献文帝拓跋弘

怎么进群都这么快的啊？

北魏孝庄帝元子攸

爷爷好！

北魏献文帝拓跋弘

我还有这么年轻的孙子哪？

北魏孝庄帝元子攸

我是元勰的第三子。

北魏献文帝拓跋弘

想起来了，我去世那会儿，这小子才三岁。你不会也被那个尔朱荣给杀了吧？

北魏孝庄帝元子攸

怎么可能！我可是把权臣尔朱荣和太宰元天穆都给宰了！

北魏孝明帝元诩

哟！老铁666（牛）啊！

北魏孝庄帝元子攸

但是后来我被尔朱荣的堂侄尔朱兆给宰了。

北魏孝明帝元诩

当我刚才的话没说。

< **华夏皇帝群（146）** ···

公元532年

系统提示：东海王元晔、魏节闵帝元恭、魏后废帝元朗进入群聊

北魏太武帝拓跋焘

这是什么情况啊？

群聊机器人

解释起来好麻烦哦，简单地说就是这三位先后被拥立为帝，随后又被废黜，然后都是今年被杀了，我就直接都拉进来了。

北魏太武帝拓跋焘

元恪出来挨打！

北魏宣武帝元恪

溜了溜了。

公元535年

系统提示：北魏孝武帝元脩进入群聊

北魏孝武帝元脩

哟哟哟，这就是不满高欢专政，迁都长安，投奔关中宇文泰，最后被他给杀了的元脩。

北魏太武帝拓跋焘

我们的大魏皇帝居然这样被疯狂支配，太丢人了吧？

群聊机器人

高欢以元脩弃国逃跑为由，遥废其帝号，另立元善见为帝，史称"东魏"。宇文泰杀掉孝武帝后，立元宝炬为帝，史称"西魏"。

知识点

宋武帝刘裕

妙啊妙啊！哈哈哈哈哈！

公元549年

系统提示：梁武帝萧衍进入群聊

梁武帝萧衍

饿啊！好饿啊！好饿啊！

汉高祖刘邦

好家伙，你活得挺久啊。

齐高帝萧道成

羡慕，你居然做皇帝做了四十八年。

秦始皇嬴政

你们大齐也就存在了二十三年，这比你们多了一倍还多啊。

齐高帝萧道成

伤心往事不要再提。

梁武帝萧衍

这什么群啊，这么热闹！

齐高帝萧道成

还不来拜见长辈。

梁武帝萧衍

这名字好眼熟啊。

256

齐高帝萧道成

你爹萧顺之是我的族弟啊。

梁武帝萧衍

对对对！记起来了。

齐高帝萧道成

你为何不继续沿用"齐"这个国号？

梁武帝萧衍

你又不是我的直系亲属，用你的国号干吗。我封号梁王，肯定国号用"梁"啊。

齐高帝萧道成

汉高祖刘邦

你刚才进群的时候就在喊饿，怎么了？你难道是被饿死了？

梁武帝萧衍

好家伙，这都被你发现了吗？

秦始皇嬴政

居然还有皇帝被饿死的吗？我记得以前还有个君主掉进粪坑淹死了的，真是什么死法都有啊。

梁武帝萧衍

我自认为自己一开始做得非常好了，可谁能想到我会看走眼！引狼入室！

群聊机器人

知识点 萧衍统治初期，留心政务，纠正宋、齐以来的弊政。为使各州郡置于自己的控制之下，采取了更换异己、任用亲信，兼以讨伐的方针。

秦始皇嬴政

我现在只是想要知道他是怎么饿死的。

群聊机器人

在位晚期，随着年事增高，开始怠于政事，沉迷佛教，出家了好几次，每次都被群臣用巨款将其赎回。

汉高祖刘邦

这个有点儿搞笑了，你不想当皇帝可以传给儿子啊。

北魏献文帝拓跋弘

同道中人啊！你不会学学我吗？我特意当太上皇，专心修佛！虽然也还有别的原因，要不是我儿子那会儿太小，我都不用继续管国家大事。

梁武帝萧衍

确实，我当初怎么没想到啊！

秦始皇嬴政

快说他是怎么饿死的啊！

梁武帝萧衍

我自己来说。我收留了东魏叛将侯景，封他为大将军。谁能想到，他因对梁朝与东魏通好心怀不满，以"清君侧"为名发动叛乱。

群聊机器人

你当初还轻敌了不是。

梁武帝萧衍

这不是重点！主要还是我侄儿萧正德居然投靠了侯景！不然他哪有这么快能到达建康！这小子居然还敢自立为帝，反了天！

秦始皇嬴政

你还是没说你是怎么饿死的。

梁武帝萧衍

我被困在了台城，侯景对我的要求一律不满足，还断绝了我的饮食供应，就这样饿死了。

秦始皇嬴政

太惨了吧！

群聊机器人

对了，你侄儿萧正德在你死后不久也死了。他暗中联络鄱阳王萧范准备推翻侯景，却反为侯景所杀。他也当过皇帝，要不要拉进来啊？

梁武帝萧衍

你觉得呢？我那会儿也还是皇帝呢！他那不算是叛乱吗？更何况他没当多久就被废了。

群聊机器人

确实，那就不拉了。

群聊机器人

说个题外话，萧衍还是历史上第一个大力推崇王羲之书法成就的帝王，而在此之前，王羲之的声名往往被其子王献之所掩。@梁武帝萧衍 有机会安排你跟王羲之认识认识。

梁武帝萧衍

这个可以有。

< **华夏皇帝群（150）** ···

公元 550 年

系统提示：北齐神武帝高欢和北齐文襄皇帝高澄进入群聊

北魏孝武帝元脩

啊？什么意思，高欢怎么进群了？

群聊机器人

公元 550 年，高洋逼迫东魏孝静帝元善见禅位，遂登基称帝，改国号为齐，史称北齐，随后追谥了他们。

知识点

知识点

齐高帝萧道成

北齐？向我学习？

北齐神武帝高欢

哟，这不是元脩吗？

北魏孝武帝元脩

跑来跑去还是躲不了你啊。

北齐神武帝高欢

你跑啥跑呢？跑去被宇文泰给宰了。

北魏孝武帝元脩

你管我！

北齐文襄皇帝高澄

好气啊！好气啊！好气啊！明明当皇帝的人应该是我！

北齐神武帝高欢

儿子，怎么了？

北齐文襄皇帝高澄

我本来已经准备登基了！！结果被一个叫兰京的厨子给行刺了。

秦始皇嬴政

现在厨子都可以当刺客了？

北齐文襄皇帝高澄

谁能想到呢！

群聊机器人

其实是厨子偷听到了你说要杀他的话，就先下手为强了。

北齐文襄皇帝高澄

是这样的吗？难怪他敢来行刺我！

秦始皇嬴政

让你说话那么大声！

< **华夏皇帝群（151）** ···

公元551年

系统提示：西魏文帝元宝炬进入群聊

魏文帝曹丕

啊？你凭什么能叫魏文帝啊？

西魏文帝元宝炬

请看清楚我是西魏。

魏文帝曹丕

那不也是魏？你都干了啥？配得上这个文皇帝吗？

西魏文帝元宝炬

有一说一，我啥也没干。我也是被宇文泰拥立为帝的，我只能配合他苟活呗。

汉献帝刘协

这个我懂我懂！

秦始皇嬴政

不只你懂，这里很多人都懂。

北魏孝武帝元脩

元宝炬，你终于进来了！

西魏文帝元宝炬

干吗干吗？

北魏孝武帝元脩

你把自己的亲妹妹害死了，你心不会痛吗？

西魏文帝元宝炬

我不照办，死的不就是我了吗？你霸占自己的堂姐还有理了？

北魏孝武帝元脩

我这是真爱！！

西魏文帝元宝炬

我现在只想去找我的皇后乙弗氏聊天，不跟你瞎扯了。

华夏皇帝群（152）

系统提示：梁简文帝萧纲进入群聊

梁简文帝萧纲
这是哪里？

群聊机器人
这里是皇帝群啊。

梁武帝萧衍
儿啊！侯景干掉了没？

梁简文帝萧纲
没有，是我被他干掉了。

秦始皇嬴政
双连杀！

华夏皇帝群（153）

公元552年

系统提示：东魏孝静帝元善见进入群聊

群聊机器人
你们是约好的吗？三个国家的皇帝死亡时间离这么近！西魏、梁的刚拉完，发现你也死了。

汉昭烈帝刘备

又是个三国鼎立吗？回忆涌上心头。

东魏孝静帝元善见

我怎么来这里了？

群聊机器人

高洋偷偷在你酒杯中下了毒，懂了吧？

东魏孝静帝元善见

懂了懂了。@北魏孝武帝元脩 你没事跑去宇文泰那边干吗啊？让我在高澄手底下受苦！你见过皇帝被臣子殴打的吗？

北魏孝武帝元脩

劝你说话小声点儿。

北齐神武帝高欢

+1。

北齐文襄皇帝高澄

+1。

东魏孝静帝元善见

啊？你们怎么会在这里！

东魏孝静帝元善见

当场去世

北齐文襄皇帝高澄

我们被我弟弟追谥的呀，你不可能不知道啊？

东魏孝静帝元善见

我知道啊，但是追谥的人也能进这个群的吗？

群聊机器人

因为想让你们相遇，所以我就拉了。

东魏孝静帝元善见

我谢谢你哦。

北齐文襄皇帝高澄

当初你挖地道小点儿声，说不准你都跑出去了。

东魏孝静帝元善见

那谁能想到守城门的人耳朵这么好使！

北齐文襄皇帝高澄

我没想到我弟弟会当皇帝。

东魏孝静帝元善见

你一死高洋迅速接班，将朝政控制在自己手中。我真可谓欲哭无泪，他也太快了吧，我都在准备亲政了！

秦始皇嬴政

笨啊！

系统提示：萧栋进入群聊

梁武帝萧衍

怕不是侯景又杀了一个。

萧栋

那没有，侯景已经死了！去年三叔公萧纲被害后，侯景就拥立我为帝。没多久他就篡位自立，自称皇帝了，国号汉。

群聊机器人

还自封为"宇宙大将军"，牛掰！

汉高祖刘邦

啊？我大汉这是又回来了？

群聊机器人

没你啥事，已经又被灭了。

汉高祖刘邦

这人怎么一点儿都不坚挺啊？怎么没拉进来。

群聊机器人

他这个不符合要求啊。

梁武帝萧衍

是谁把侯景灭掉的？

萧绎组织江州刺史王僧辩和东扬州刺史陈霸先，率军收复建康，平定侯景之乱，侯景为部下所害，死状凄惨无比……

知识点

秦始皇嬴政

这……他是做了什么让大家这么恨？

群聊机器人

他可是把美丽的江南变成了人间地狱。

梁武帝萧衍

报应！

萧栋

那个那个，我就是被七叔公萧绎给害了。

梁武帝萧衍

怎么回事？

群聊机器人

萧绎派手下朱买臣在建康杀掉侯景所废皇帝萧栋兄弟三人。

萧栋

我酒都还没喝完，就把我丢水里去了，过分哦。

梁武帝萧衍

为什么会这样？

268

群聊机器人

侯景死后，萧绎即位于江陵，称帝了。在萧绎即帝位之前，你的第八子萧纪已称帝于益州，萧纪出兵讨伐侯景，得知侯景已灭，就转为讨伐萧绎。

秦始皇嬴政

多么熟悉的内战啊。

梁武帝萧衍

如果当初我的陈庆之将军还健在的话，就不会让侯景有机可乘了。他当初可是暴打过侯景的啊。

北魏孝庄帝元子攸

这人我知道，当初他率兵七千人护送元颢北归上洛阳称帝，我很想知道七千人是怎么打进国都洛阳的。

梁武帝萧衍

"名师大将莫自牢，千兵万马避白袍"可不是白吹的。

北魏孝庄帝元子攸

而且我听说他身体文弱，难开普通弓弩，不善于骑马和射箭。只能说绝了。

公元553年

系统提示：武陵贞献王萧纪进入群聊

群聊机器人

萧纪受到西魏大将韦孝宽和萧绎的讨伐后，被樊猛杀死。

公元554年

系统提示：西魏废帝元钦进入群聊

西魏文帝元宝炬

儿啊！宇文泰把你怎么了？

西魏废帝元钦

我不甘心做傀儡皇帝，密谋诛杀宇文泰，夺回大权！

西魏文帝元宝炬

有魄力！

西魏废帝元钦

结果事情败露，我被废黜了，宇文泰改立四弟齐王元廓为帝。没过多久，我就被毒害了。

北魏道武皇帝拓跋珪

咱们的大魏算是完了，一个迁都，一个改制度。

北魏道武皇帝拓跋珪

华夏皇帝群（157）

公元555年

系统提示：梁元帝萧绎进入群聊

梁元帝萧绎
> 爹，我为您报仇了！侯景的下场只能说惨不忍睹！

梁武帝萧衍
> 你闭嘴吧，你手握强兵，没有积极勤王，拯救父兄，你好意思现在说这种话？

群聊机器人
> 他得知你死了后，先去攻灭其他诸侯王，然后才去派人消灭侯景。

梁武帝萧衍
> 你这个逆子！

群聊机器人
> 如果萧绎你低调点儿，感觉还能活久一点儿。

梁武帝萧衍
> 这是怎么个说法？

群聊机器人

萧绎给西魏宇文泰写信，要求按照旧图重新划定疆界，言辞又极为傲慢。宇文泰肯定很不爽啊，这人凭什么敢这么嚣张！直接派人进攻江陵，萧绎战败投降，不久被人用土袋闷死。

梁武帝萧衍

梁元帝萧绎

我本来就想凶一点儿吓吓他，谁知道他不怕啊。反过头来直接打我，失策失策。

群聊机器人

那你战败就战败嘛，为什么要把十四万卷藏书全部烧光！这可是中华文化的宝藏啊！

秦始皇嬴政

学我烧书不可取啊。

梁元帝萧绎

这些可都是我的宝贝，我才不愿意让它们落入敌手！

公元556年

系统提示：梁闵帝萧渊明进入群聊

群聊机器人

萧渊明在北齐文宣帝高洋和太尉王僧辩的支持下，即位为帝。去年司空陈霸先发动兵变，拥立萧方智为帝，他被迫退位，今年毒疮发作，死了。

知识点

梁武帝萧衍

我大梁怕是要没了啊！

公元557年

系统提示：西魏恭帝拓跋廓进入群聊

北魏孝文帝拓跋宏

怎么回事？怎么姓拓跋？

群聊机器人

元廓继位后，大权彻底落入宇文泰手中，威逼元廓恢复原姓拓跋氏。

北魏孝文帝拓跋宏

这个西魏难道也要亡了吗？

群聊机器人

知识点 ▶ 拓跋廓在今年被权臣宇文护所废，并被杀死。宇文觉在堂兄宇文护拥护下正式代魏称天王，建立北周政权，西魏至此灭亡。

群聊机器人

还有梁朝的听一下！你们梁朝也灭亡啦。

梁武帝萧衍

不可能！我不听我不听！

< **华夏皇帝群（160）** ···

公元558年
系统提示：梁敬帝萧方智进入群聊

群聊机器人

知识点 ▶ 去年，陈霸先接受萧方智的禅位称帝，国号陈，南梁朝灭亡，萧方智于今年被害。

秦始皇嬴政

哈哈哈哈哈，你这个南梁享国五十五年，你自己都当了四十几年皇帝。

梁武帝萧衍

我真的是服了！

公元559年

系统提示：陈武帝陈霸先进入群聊

梁武帝萧衍

陈霸先，你为何谋反篡位？

陈武帝陈霸先

你看，侯景之乱是我平定的，北齐送回来一个傀儡皇帝，我能不管？一旦让他们得逞，那就意味着北齐彻底吞并了东南大地。

群聊机器人

萧渊明被废后，北齐调派十万大军，甚至渡过长江，准备灭掉梁朝。

陈武帝陈霸先

我可是率军力挽狂澜，以少胜多，在都城附近大破北齐军队，保住了南方最后一个汉人政权。

群聊机器人

陈朝也是历史上唯一一个国号和皇帝姓氏相同的朝代。

知识点

秦始皇嬴政

你小子做得可以啊。

梁武帝萧衍

这……

陈武帝陈霸先

萧方智那会儿只有十三岁，根本无力应付这种局面，那只能我来当皇帝了呀，你说是吧?

梁敬帝萧方智

当皇帝的时候"征伐有所自出，政刑不由于己"，禅位后还要领盒饭，我太难了……

陈武帝陈霸先

没办法啊，谁让王琳叫北齐把萧庄送了回来当皇帝。他想要复兴南梁，我怕你也生事端，就让你先领盒饭了。

梁武帝萧衍

@群聊机器人 你不是说我南梁灭亡了吗?

群聊机器人

这个也是陈霸先当皇帝后的事情了呀。

陈武帝陈霸先

还好他打不过我! 不然怕不是南梁早就变成北齐的藩属国了。看看萧詧你们就懂了!

梁武帝萧衍

萧詧怎么了?

群聊机器人

知识点

公元554年的时候，西魏攻陷江陵，杀死梁元帝，立萧詧为梁朝皇帝，史称西梁或后梁，仅占据荆州一带的三百里，为西魏藩属，向西魏称臣。

汉昭烈帝刘备

荆州，我一生的痛！

梁武帝萧衍

西魏不是没了吗？

群聊机器人

那不是还有北周呢。

群聊机器人

顺便给你们透露下吧，公元560年，也就是明年，王琳兵败，与萧庄逃亡北齐。

陈武帝陈霸先

哼哼，意料之中！

系统提示：北周文帝宇文泰进入群聊

北魏孝武帝元脩

宇文泰！

北周文帝宇文泰

咦，这里是什么地方？怎么元脩也在？

秦始皇嬴政

这里是好地方。

群聊机器人

公元557年，宇文觉惨遭宇文护谋害，宇文毓继位天王位。宇文毓在今年以称王不足以威天下的理由，改称皇帝，随后追尊父亲宇文泰为文皇帝。

秦始皇嬴政

这个宇文觉怎么没拉进来？

群聊机器人

他是以天王即位的，没有皇帝称号就没拉进来，你别急，会拉进来的。

秦始皇嬴政

啊？你又剧透！

北魏孝武帝元脩

宇文泰，你还我元明月！

北周文帝宇文泰

别吵吵，先让我问个问题，我侄子为什么要谋害我儿子？

群聊机器人

就是你儿子宇文觉想除掉宇文护，然后亲自执政，结果事情败露了。

北周文帝宇文泰

当初我确实是跟宇文护说今后国家之事，都由他决定，让他完成我的志向。我儿子这么急干吗呢？

系统提示：北齐文宣帝高洋进入群聊

秦始皇嬴政

你们是约好的吗？每个国家各进一个。

群聊机器人

来了来了，北齐变态家族来了！

群聊机器人

先说点儿好的吧，高洋建立北齐，励精图治，厉行改革，制定律令。据不完全统计，在高洋时期共修筑长城一千五百余公里，屡次击败柔然、突厥、契丹，出击萧梁，拓地至淮南，被突厥可汗称为"英雄天子"。

知识点

北齐文宣帝高洋

哈哈哈哈哈，那可不！朕就是这么牛！

北齐文襄皇帝高澄

弟弟，原来你以前都是在装傻！

群聊机器人

然后就是从前半生明君到后半生残忍暴君的转变。鞭打岳母，玷污妻姐，还因为醉酒把自己的母亲摔伤了。为了永绝后患，他把东魏的皇族全部杀了，共有七百多人，全都扔进了漳河，以致漳河两岸的老百姓都不敢捕鱼吃。

北齐神武帝高欢

摔伤我老婆？你小子活腻了？

群聊机器人

他还说要把你老婆嫁给胡人。

北齐神武帝高欢

脸给你打歪

北齐文宣帝高洋

爹，我那会儿喝醉了，喝醉了。

群聊机器人

想知道你为什么有时候穿女装招摇过市，有时候在街道裸奔，也是喝醉了吗？

北齐文宣帝高洋

我爱这样！关你啥事呢？

群聊机器人

@北齐神武帝高欢 我看你挺正常的呀，怎么就生了个有点儿精神分裂症的儿子？

北齐神武帝高欢

什么意思？

群聊机器人

有一天他喝得烂醉，想起来自己的薛嫔以前跟别人有过暧昧，一时妒心大发，抽出匕首把薛嫔杀了，然后还哭着说"佳人难再得"。

秦始皇嬴政

这人有病吧……最后他是怎么死的？

群聊机器人

饮酒过度而暴毙。

秦始皇嬴政

所以说喝酒对身体不好！大家少喝酒！

< **华夏皇帝群（164）** ···

公元560年

系统提示：北周明帝宇文毓进入群聊

北周文帝宇文泰

毓儿，你不是才刚称帝吗？怎么这么快就进来了？

北周明帝宇文毓

我也不懂啊，突然病危。

群聊机器人

宇文护悄悄命令厨子李安在你的食物中下了药，现在知道真相了吧？

北周明帝宇文毓

秦始皇嬴政

好家伙。这个宇文护三连杀了。

北周文帝宇文泰

是不是你做得不好？

北周明帝宇文毓

我做得很好了啊。励精图治，崇尚节俭，澄清吏治，修撰典籍。

群聊机器人

就是你不肯听宇文护的，他看你不好控制，便设法暗害你。

北周明帝宇文毓

好阴险啊！

北周文帝宇文泰

他怕不是要自立为帝了！

北周明帝宇文毓

不要慌，稳得住，我最后口授遗诏传位于四弟鲁国公宇文邕了，应该会是宇文邕当皇帝。

公元561年
系统提示：北齐废帝高殷进入群聊

北齐废帝高殷

> 爹爹爹爹爹，高高高演兵兵兵兵兵变篡位，娄太太太后把我废黜了。

秦始皇嬴政

> 又来一个口吃？你们都是用语音输入的吗？就不会打字吗？

北齐文宣帝高洋

> 怪我怪我。当初让他去砍囚犯的头，结果他砍不下来，气得我拿马鞭抽了他三下，就变成现在这样了。

北齐废帝高殷

> 我让杨愔改革整顿，意在架空亲王势力，加强皇权。可还是挡不住啊……

北齐文宣帝高洋

> 果然，他还是篡位了。

群聊机器人

> 高殷在公元560年被废，公元561年被高演杀死，年仅十七岁。

知识点

系统提示：北齐孝昭帝高演进入群聊

北齐废帝高殷
> 当初约定好不害我的！怎么一转眼你就把我给杀了？

北齐孝昭帝高演
> 我也是没办法啊，一帮人给我分析"利害关系"…… 杀了你后，内疚的心情整日整夜折磨着我，觉得自己对不起兄长高洋，还被母后骂。

北齐文宣帝高洋
> 你篡位我不会怪你，毕竟当初也是你帮我处理国家大事，但是你害我儿子这就是你的不对了！

北齐孝昭帝高演
> 兄长！我错了！这不我吸取了教训，怕我儿子也被害，改立皇储，立高湛为皇位继承人了。

汉高祖刘邦
> 那这可说不准哦。

北齐孝昭帝高演
> 他答应我了的！

汉高祖刘邦
> 你都领盒饭了，谁还管答应了你什么！

虽然高演的皇位是抢来的，但是在能力上，还是值得被肯定的，称得上德才兼备。

华夏皇帝群（167）

公元566年

系统提示：陈文帝陈蒨进入群聊

陈武帝陈霸先

我的好侄子，你来啦！

陈文帝陈蒨

叔叔，我对不起你啊！

陈武帝陈霸先

怎么了？

陈文帝陈蒨

你驾崩后，我一登基，北周就想给我们制造内乱，立即将太子陈昌放还。我本来准备去当藩王了，派人去接太子，谁能想到侯安都趁没人的时候将太子推入江中……

陈武帝陈霸先

这……

陈文帝陈蒨

让您断了后，我好自责！

群聊机器人

你自责吗？你不是还给侯安都晋爵为清远郡公吗？

陈武帝陈霸先

什么？！

群聊机器人

知识点

你也别气，陈蒨做得还是不错的！平定江南割据势力，整顿吏治，兴修水利，恢复江南经济，史称"天嘉之治"。他可是南朝历代皇帝中难得一见的有为之君。

陈文帝陈蒨

这多亏了我身边的将军韩子高啊，有他在我身边辅助我，太稳了。

< **华夏皇帝群（168）** ···

公元569年

系统提示：北齐武成帝高湛进入群聊

群聊机器人

来了来了，又来一个！

秦始皇嬴政

我准备好了。

北齐孝昭帝高演

弟弟，我儿子现在可好啊？

群聊机器人

你儿子不是早就没了吗？他没来加你好友吗？

北齐文宣帝高洋

历史总是如此相似。

北齐孝昭帝高演

什么？高湛，这是怎么回事？

北齐武成帝高湛

哥，你也不能怪我啊，有个叫贾德胄的人给我上奏说侄子写的"敕"字。你也知道"敕"字有皇帝命令的意思，加上当时出现"白虹贯日""赤星"的天文星象，十分不祥！所以我就……

北齐孝昭帝高演

你当初是怎么答应我的？！

北齐武成帝高湛

我这不也是没办法嘛！

秦始皇嬴政

当你们的儿子好惨啊！

北齐神武帝高欢

看着有点儿糟心。

北周文帝宇文泰

你也有糟心的时候啊。

北齐神武帝高欢

当初就应该点燃芦苇烧你！！

北周文帝宇文泰

那你为什么还要听侯景的意见非要活捉我呢？改变了战局，大胜变大败，哈哈哈哈哈！

群聊机器人

还好没有烧啊！杨忠、李虎也在草丛里，这一把火要是真的放了，北周隋唐三大王朝就提前剧终了，哈哈哈哈……

秦始皇嬴政

隋唐？

群聊机器人

喀喀喀喀……

群聊机器人

那个那个，高洋在不在？

北齐文宣帝高洋

干吗？

群聊机器人

你可以跟着高演来骂你亲爱的弟弟了，你弟弟不仅玷污你的皇后李祖娥，还把你儿子高绍德给杀了。

北齐文宣帝高洋

北齐武成帝高湛

谁让李祖娥生下我的女儿后就把她给 …… 她可以杀我女儿，我为什么不能杀她的儿子呢？哈哈哈哈哈哈！

北齐文宣帝高洋

脸给你打歪

群聊机器人

高湛最后也因酒色过度而逝。

秦始皇嬴政

多喝热水是正确的！

华夏皇帝群（169）

公元570年

系统提示：陈废帝陈伯宗进入群聊

陈废帝陈伯宗

爹！我好气啊！陈伯茂因为皇叔陈顼专政，心中十分不满，多次散播陈顼将要废了我的恶言，结果我就真的被废了 …… 陈顼说我个性太软弱，以难当大任为由发动政变，然后我就不明不白地来到了这里⋯⋯

陈文帝陈蒨

想都不用想！肯定是他害你的呀！

秦始皇嬴政

你们两国剧情很相似嘛。

< **华夏皇帝群（170）** ⋯

公元572年

系统提示：北周孝闵帝宇文觉进入群聊

群聊机器人

今年宇文邕杀了宇文护，追谥宇文觉为孝闵皇帝。让我们恭喜一下，宇文觉从天王晋升为了皇帝啦。

秦始皇嬴政

可惜了，还以为宇文护能登基。

< **华夏皇帝群（171）** ⋯

公元577年

系统提示：梁思帝萧庄进入群聊

群聊机器人

知识点

北周把北齐灭了，萧庄在邺城怨愤而终。

北齐神武帝高欢

什么？

北周文帝宇文泰

老高啊，看来最终还是我家笑到了最后啊，哈哈哈哈哈！

北齐神武帝高欢

不可能！我家都没人进来！

< **华夏皇帝群（173）** ···

系统提示：北齐后主高纬和北齐少帝高恒进入群聊

北周文帝宇文泰

你看这不说曹操曹操就到了嘛。

魏武帝曹操

啊？别以为我不在！

群聊机器人

高纬，你为什么要杀兰陵王？他帮你打了多少胜仗！

秦始皇嬴政

不懂就问，这个兰陵王是那个会隐身的吗？

群聊机器人

你别闹啊，这边在讲正经事呢。

北齐后主高纬

谁让他说"国事即家事"呢？

北齐神武帝高欢

我没记错的话，兰陵王高长恭也是我孙子吧，都是我的孙子！说家事没毛病啊。

北周文帝宇文泰

现在的年轻人估计都被篡位给吓怕了。

群聊机器人

"小怜玉体横陈夜，已报周师入晋阳。"

秦始皇嬴政

你这肯定又搬用别人的诗句了。

群聊机器人

最离谱的就是统率兵马收复失地，将士们奋勇血战之时，你居然突然喊停，原因是要让冯小怜看到你攻城的场面。

北齐神武帝高欢

战场瞬息万变！你搞这种操作？

秦始皇嬴政

绝了。

北齐神武帝高欢

那个叫什么高恒的怎么不说话？

群聊机器人

他才七岁而已，高纬传位于他，准备投降陈朝。行到青州，被北周军俘虏，而后被诬陷参与谋反，一起被杀了。

< **华夏皇帝群（174）** ···

公元578年

系统提示：北周武帝宇文邕进入群聊

群聊机器人

宇文邕在位期间，摆脱鲜卑旧俗，杀掉权臣宇文护，推行府兵制与均田制，打压士族，灭亡北齐，统一北方。

知识点

北周文帝宇文泰

儿子，做得好啊！

北周武帝宇文邕

那可不！本来还想去打突厥的，却在途中病倒，遗憾啊！

群聊机器人

你还有著名的"北周武帝灭佛"事件。

北周武帝宇文邕

许多人都出家做了和尚，寺庙占据了大量的土地，而且不需要向朝廷缴税，也不用当兵，不这样做怎么灭得了北齐。但令百姓得乐，朕亦不辞地狱诸苦。

公元580年

系统提示：北周宣帝宇文赟进入群聊

北周武帝宇文邕

我儿这么快就……

群聊机器人

你这儿子真的是非常"棒棒"呢，册封了五个皇后。继位第二年嫌弃皇帝当得不舒服，不想打理朝政，传位于七岁的长子宇文阐，最后由于纵欲过度死掉了。

北周武帝宇文邕

我不是对他很严格管教了吗？怎么会变成这个样子？

群聊机器人

第九章

群聊机器人

大隋王朝

隋文帝杨坚

公元581年

系统提示：北周静帝宇文阐进入群聊

北周武帝宇文邕

怎么回事？

群聊机器人

宇文阐被迫让帝位于杨坚，杨坚登基，隋朝建立，北周灭亡。杨坚暗中派人谋害了宇文阐。

知识点

北周武帝宇文邕

我记得杨坚的女儿杨丽华是我儿子的皇后啊！

群聊机器人

没错，你俩是亲家。

北周明帝宇文毓

他老婆独孤伽罗还是我独孤皇后的妹妹呢。

秦始皇嬴政

那没事了，反正你们都是一家人。

公元582年

系统提示：陈宣帝陈顼进入群聊

陈文帝陈蒨

弟弟，你有必要给我解释一下，当初我要传位于你，你哭着说不要，等我驾崩后，你却篡位了是什么意思？

秦始皇嬴政

很正常啊，这群里很多个这样的。

陈宣帝陈顼

这……还不是怕你在试探我……

群聊机器人

忘记跟你说了，韩子高将军在你驾崩后一年就被他给宰了。

陈文帝陈蒨

什么？！

陈宣帝陈顼

韩子高他密谋造反啊！

陈文帝陈蒨

不可能，我不信！

陈宣帝陈顼

有人举报的。

陈文帝陈蒨

我还是不信！

陈宣帝陈顼

虽然我篡位当皇帝，但是我不昏庸啊。在位期间兴修水利，鼓励生产，甚至一度占有北齐淮、泗之地，虽然后面又被北周夺走了。不对，现在应该叫隋了。

秦始皇嬴政

北周在白白打工。

北周武帝宇文邕

够了够了，别说出来。

汉高祖刘邦

有预感，这个隋朝应该会吃掉这个南陈。

< **华夏皇帝群（177）** ···

公元589年

群聊机器人

隋文帝杨坚派晋王杨广灭南陈，结束了自东晋以来（317—589）的分裂局面。

知识点

陈武帝陈霸先

陈文帝陈蒨

北周武帝宇文邕

你以为你们能在南方苟活吗？太天真了。

秦始皇嬴政

终于可以休息休息，不用这么频繁吃瓜了。

华夏皇帝群（178）

公元604年

系统提示：隋文帝杨坚进入群聊

群聊机器人

来了来了！他来了！

隋文帝杨坚

杨广！这个逆子啊！

秦始皇嬴政

怎么一进来就在骂儿子啊？

群聊机器人

他儿子杨广诬陷太子杨勇谋反，加上独孤皇后、杨素等极力鼓动杨坚，他就把杨勇废为庶人，立了杨广为太子。当他认清了杨广的真实面目，知道自己错怪了大

知识点

儿子杨勇，欲复立其为太子，可是已经来不及了，杨广命东宫士兵迅速包围仁寿宫，派亲信张衡进入杨坚的寝宫。不久，杨坚就驾崩了，虽然不知道怎么死的，但是肯定跟张衡有直接的关系，史称"仁寿宫变"。

北周武帝宇文邕

亲家，我等你好久了！

隋文帝杨坚

好久不见，甚是想念。

北周武帝宇文邕

拿命来！

隋文帝杨坚

我这不是已经没了吗？

北周武帝宇文邕

咦，好像也是。唉，后悔当初没听齐王宇文宪所言。他曾对我说你有反相，让我除掉你！我居然没有相信……

隋文帝杨坚

这个我知道，后来你没看我做事都很谨慎了吗？

陈武帝陈霸先

你现在被包围了，你知道吗？

隋文帝杨坚

我虽然灭掉南陈，但是你们南陈皇帝现在过得还是不错的，我还娶了陈宣帝陈顼的女儿呢。

陈宣帝陈顼

一不小心就变成岳父了？

隋文帝杨坚

主要也是宇文邕的儿子真的太昏庸了……给了我这个机会。

北周武帝宇文邕

群聊机器人

杨坚在位期间实行五省六曹制，后改称五省六部制，减轻赋税，推行均田制，对各族采取招安与军事防御并行策略，开创了"开皇之治"。

汉高祖刘邦

有一说一，开国皇帝都是很猛很优秀，然后后代就不行了！看你儿子这么对你，危险喽。

隋文帝杨坚

应该稳得住吧！我对周边各族，采取了军事上的防御和政治上的招抚政策，有效地处理了民族矛盾，北方少数民族还尊称我为"圣人可汗"呢。

群聊机器人

是吗？你要不要说一说你身为皇帝却离家出走这件事呀？

知识点

秦始皇嬴政

隋文帝杨坚

没必要吧。

群聊机器人

杨坚出了名的惧内，虽然有后宫佳丽，但是独孤皇后盯得紧啊，完全不给一点儿机会。难得有一次宠幸了宫女尉迟氏，独孤皇后知道后让人将宫女杀了。杨坚一气之下感觉皇帝尊严受到打击，脾气暴躁的他负气离家出走了。

秦始皇嬴政

哈哈哈哈哈！

汉高祖刘邦

哈哈哈哈哈哈哈哈哈哈！

隋文帝杨坚

有一说一，这不是怕老婆，这是爱老婆！很爱很爱的那种。

秦始皇嬴政

我酸了。

系统提示：陈后主陈叔宝进入群聊

隋文帝杨坚

快来跟你的长辈说说我对你怎么样？

陈后主陈叔宝

好啊、很好啊、非常好啊！如果能再给我个官做就更好了。

隋文帝杨坚

你看看你这儿子没心没肺，国家都灭亡了，还不知耻，居然还要官当！

陈宣帝陈顼

儿子，你怎么能向敌国的人低头呢？

陈后主陈叔宝

我想活着呗，但是杨坚，你把我的都城建康城夷为平地，摧毁六朝宫苑就过分了。

隋文帝杨坚

谁让那边有人称帝呢。

群聊机器人

没事啦，以后会有人重建的。

秦始皇嬴政

日常剧透。

隋文帝杨坚

有一说一，你当皇帝不咋样，但你的诗文和音乐还真的可以，特别是那首《玉树后庭花》。

群聊机器人

知识点

不懂的读者，给你们一个提示"商女不知亡国恨，隔江犹唱后庭花"，是不是很熟悉呢。

秦始皇嬴政

你在自言自语什么呢？

群聊机器人

我在互动呢！

陈后主陈叔宝

低调低调。

陈宣帝陈顼

国家都没了！你还搁这儿一点儿不难受。

汉昭烈帝刘备

这感受我能理解。

隋文帝杨坚

刘禅在不在？这有你的兄弟！

汉怀帝刘禅

干吗干吗？

隋文帝杨坚

"乐不思蜀"是不是你说的?

汉怀帝刘禅

往事就不要再提了吧!

隋文帝杨坚

这儿有个"乐不思陈"的,你们可以交流交流。

陈宣帝陈顼

汉昭烈帝刘备

+1。

华夏皇帝群(180)

公元618年

系统提示:隋炀帝杨广进入群聊

隋文帝杨坚

你这个逆子!孽子!

隋炀帝杨广

爹啊!我好想你哦。

隋文帝杨坚

你好意思说这话?

隋炀帝杨广

爹，别这样，谁不想当皇帝呢，再说就我哥那点儿水平……

隋文帝杨坚

我呸，你哥呢？你把你哥怎么样了？

隋炀帝杨广

肯定让他去死呀，还能怎么样？

隋文帝杨坚

陈后主陈叔宝

咦！你的谥号也是炀啊，跟你给我的一样啊。

隋文帝杨坚

怎么回事？

隋炀帝杨广

各地都在起兵造反，连表兄李渊也起兵了。然后宇文化及在江都发动兵变，把我给杀了。

秦始皇嬴政

宇文化及？北周他们家的？

隋炀帝杨广

并不是，北周皇室宇文家早就被我爹杀得一干二净了，他们本姓破野头，是宇文家的家臣，所以必须要跟随主人的姓。

秦始皇嬴政

我还以为北周来找回场子了。该不会你们隋朝也来个二世而亡吧？哈哈哈哈哈！

隋炀帝杨广

不可能！我表兄李渊攻取长安后，拥立我的孙子代王杨侑为帝，遥尊我为太上皇。虽然我知道我孙子是傀儡，但是怎么也不可能二世而亡。

秦始皇嬴政

你好像很自豪的样子。

秦二世胡亥

我还以为有兄弟了。

群聊机器人

别高兴得太早啊……公元618年，隋炀帝杨广遇弑后，李渊逼迫杨侑禅位，建立唐朝。

知识点

隋文帝杨坚

汉高祖刘邦

我果真就是个大预言家。

秦二世胡亥

好兄弟！哈哈哈哈！

隋文帝杨坚

我留了一个太平盛世的底子给你！就这么败光了？

秦始皇嬴政

你真可以啊，这才过了几年？！

群聊机器人

有一说一，胡亥你别笑，杨广比你强啊。

秦二世胡亥

群聊机器人

杨广"美姿仪，少聪慧"，创立科举，成为将来的取士准则。但是关于科举的争议很大，可以说科举制度萌发于南北朝，初创于隋朝，真正成型于唐朝。有的史学家说杨广始建进士科，奠定科举制度。也有其他史学家认为进士科起源于唐朝，因为隋朝仍然是让五品以上官员推荐人，没有允许平民"投牒自进"参加，并不具备科举的本质与主要特点，反而在实质上与汉朝的察举制一样。

知识点

汉高祖刘邦

过了这么久，还在学习我大汉？

隋炀帝杨广

可别忘了我灭南陈，平吐谷浑，打得突厥俯首称臣，三征高句丽；迁都洛阳，疏浚隋朝大运河。

群聊机器人

先说一下杨广迁都洛阳一事，并非完全出于荒淫逸乐，而是当时的政治、经济形势决定的。杨广所开凿的运河其实是利用之前众多王朝开凿留下的旧河道，加以疏浚！并非从零开凿，但也不知道你是用来干吗的就是了。

隋炀帝杨广

不告诉你。

隋文帝杨坚

我看他做的这些不挺好的吗……怎么会有人造反？

群聊机器人

如果是他慢慢来做这些事，隋朝也不会灭亡。正因为他的好大喜功，不恤民力，穷兵黩武，耗尽了国力，加深了人民的痛苦。你知道征战高句丽加上这几个大工程需要耗费的人力、物力有多大吗？

知识点

隋炀帝杨广

你这么一说……好像确实是我太急了。

群聊机器人

后人给你的评价：其罪也彰，其功也卓，弊在当代，利在千秋。

汉武帝刘彻

我怎么看这段话有点儿眼熟呢?

秦二世胡亥

好像确实比我强啊,我还是老老实实抄书吧。

秦始皇嬴政

真乖。

隋文帝杨坚

杨广,你也跟着去抄书吧,好好反思。

隋炀帝杨广

凭什么啊?

隋文帝杨坚

叫你去你就去,废话这么多。

隋炀帝杨广

好嘞!

华夏皇帝群(182)

公元619年

系统提示:隋恭帝杨侑和隋恭帝杨侗进入群聊

秦始皇嬴政

两个隋恭帝?

隋炀帝杨广

我的两个孙子……

隋恭帝杨侑

爷爷，你驾崩后，我就被大丞相李渊所废，降封酅（ xī ）国公。

秦始皇嬴政

这个字写起来有难度啊。

隋炀帝杨广

老子出去巡游，把家就交给你了，连个家都看不住吗？

隋恭帝杨侑

这……他们太猛了，尤其那个李世民。

隋恭帝杨侑

我也没想到今年就因病去世了。

群聊机器人

也有人认为杨侑是遇害身亡的。

知识点

隋恭帝杨侗

我的情况跟杨侑差不多。去年被拥立为帝，今年被王世充逼迫禅位，他自立为帝，改国号为郑，降封我为潞国公。后来裴仁基、裴行俨、宇文儒童等密谋行刺王世充让我复辟，因事情泄漏，王世充将他们全部杀了。事后王世充为免除后患，就把我给谋害了。如果有来世，望再也不生在帝王尊贵之家啊！

秦始皇嬴政

这句咋这么眼熟呢？好像有谁说过。

宋顺帝刘準

是我呀！好兄弟！我们简直同病相怜啊。

群聊机器人

隋朝就此彻底灭亡了……所以他们哥俩就一起进来了，连谥号都一样。

隋文帝杨坚

啊啊啊啊啊！杨广！都是因为你！

北周武帝宇文邕

报应！这就是报应！就想问问！这个人的后代有没有被灭光？

群聊机器人

好像没有。

隋文帝杨坚

亲家，你别激动啊，我也怕有人来个反隋复周就很麻烦嘛。

公元628年

群聊机器人

李世民看突厥衰乱，派兵攻灭了依靠突厥贵族庇护的梁帝梁师都！在平定各地农民起义及地方割据势力后，终于完成了统一全国的大业！

知识点

秦始皇嬴政

之前不是也有别的人称帝吗？怎么没拉进来？

群聊机器人

那些是割据势力，他们又没有像唐朝一样完成大一统，就没算他们。

群聊机器人

第十章

群聊机器人

李唐与武周

唐高祖李渊

公元635年

系统提示：唐高祖李渊进入群聊

群聊机器人

> 李渊是十六国时期西凉开国君主李暠的后裔。

隋文帝杨坚

我的好外甥啊！甚是想念！

唐高祖李渊

姨夫，你看我把隋朝又拯救回来了，只不过换了个名字。

隋文帝杨坚

篡位就篡位！还整这些虚的。

隋炀帝杨广

表兄！你为何起兵？

唐高祖李渊

我不起兵，这隋朝就是别人的天下了。

隋炀帝杨广

啊？那你可以来帮我啊。

唐高祖李渊

我不是帮你了吗？让杨侑当了皇帝。谁让你被宇文化及给宰了，隋朝怕是带不动了，只能我自己来了。

隋炀帝杨广

你说得可真好听哦。

隋文帝杨坚

我那么器重你…… 这就是我的好外甥吗？

北周明帝宇文毓

这么说来他也是我的外甥了呀，哈哈哈。还有，妹夫，你不也夺了我北周的天下，你没啥资格说这种话吧。

隋炀帝杨广

姨夫！我也是你外甥！

秦始皇嬴政

我看出来了，你们是来这儿认亲戚的是吧？而且为什么你们会是亲戚啊？

隋文帝杨坚

我的老婆跟宇文毓的老婆还有李渊的母亲是亲姐妹啊。

群聊机器人

都是北周时期名将独孤信的女儿，这个独孤信可是实打实的美男，所以他的女儿都很漂亮。

知识点

秦始皇嬴政

让我自己捋捋。

唐高祖李渊

别吵吵，让我再认个亲戚。@北周文帝宇文泰 在吗？

北周武帝宇文邕

找我爹干吗？

唐高祖李渊

这位想必就是舅舅了吧？

北周武帝宇文邕

唐高祖李渊

我的窦皇后是宇文泰的外孙女，也就是你的外甥女啊。

北周明帝宇文毓

所以我不只是你姨夫，还是你舅舅？

北周武帝宇文邕

妙啊妙啊！杨坚，看到没有，灭了你隋朝的也有我北周的血脉。

隋文帝杨坚

外甥女那边的也算吗？草率了……

唐高祖李渊

杨广，偷偷跟你说，我儿子李世民还娶了你女儿。

隋炀帝杨广

秦始皇嬴政

给爷整晕了。

公元649年

系统提示：唐太宗李世民进入群聊

群聊机器人

来了来了！又来了个不得了的人。

唐高祖李渊

呵呵。

唐太宗李世民

哟，老爹。

唐高祖李渊

大唐怎么样了？

唐太宗李世民

在我的治理下你还不放心？

唐高祖李渊

我也就问问，现在轮到承乾当皇帝了吧？

唐太宗李世民

承乾试图行刺李泰，失败后打算先下手为强，起兵逼宫，结果事情败露，被我废为庶民。

唐高祖李渊

怎么会这样？

唐太宗李世民

问那么多干吗？反正现在应该是李治即位了。

秦始皇嬴政

好家伙，你对你爹这么凶的吗？

隋文帝杨坚

外甥啊，你的儿子对你也不咋地啊。

群聊机器人

这就要说到著名的"玄武门之变"了。

知识点

秦始皇嬴政

哇哦，又是大瓜吗？

群聊机器人

就是李世民在帝都长安宫城玄武门附近把皇太子李建成、齐王李元吉一起杀了，史称"玄武门之变"。

秦始皇嬴政

你这说的啥？起因经过呢？

唐太宗李世民

还不是我爹答应起事成功之后立我为太子，但是他建立唐朝后，却立了李建成为太子，你说过不过分？！

秦始皇嬴政

那这真的很过分。

唐高祖李渊

他是嫡长子啊，如果不立他为太子很多人会叽叽歪歪。

秦始皇嬴政

立嫡长子没毛病啊。

唐太宗李世民

但是我哥就过分了，看我功名日盛，随即联合李元吉，排挤我。还在我酒里下毒，幸亏我命大。

唐高祖李渊

还有这件事？

群聊机器人

这件事史书有记载，但是据说李世民让人修改过史书，所以真的假的就不知道了。

群聊机器人

还有，关于晋阳起兵，说是李世民提议的记载较多，那也有史学家认为是李渊本人的意思，争议点又来了。

隋炀帝杨广

我也想知道是哪个浑蛋想要起兵造反的。

唐太宗李世民

而且李建成之所以提议由李元吉做统帅出征突厥，就是想借此控制我的兵马，并准备在昆明池设伏兵行刺我，我就只能先发制人了。

唐高祖李渊

这……那你还杀害建成跟元吉的孩子们，并将他们从宗籍中除名，这就没必要了吧？

唐太宗李世民

不除掉，难道等着他们报仇吗？

群聊机器人

知识点 过了没几天，李世民就被立为皇太子，再过两个月，李渊退位称太上皇……

唐高祖李渊

懂的人都懂，我为什么会退位称太上皇。

隋炀帝杨广

同样是为了当太子，你这比我坚决多了呀。

唐太宗李世民

你也不看看我手底下有多少人，这大唐的江山有多少是我打下来的！你别说了，你做的错事还要我来帮你擦屁股。

群聊机器人

知识点 李世民在位初期，听取群臣意见，虚心纳谏。对内文治天下，厉行节约，劝课农桑，实现休养生息、国泰民安，开创"贞观之治"。对外开疆拓土，攻灭东突厥与薛延陀，征服高昌、龟兹和吐谷浑，重创高句丽，设立

322

安西四镇，与北方地区各民族融洽相处，获得尊号"天可汗"。

秦始皇嬴政

"天可汗"是啥意思？

唐太宗李世民

就是成了当时天下的共主，"我最大"的意思。

汉武帝刘彻

哇哦，你好像是个猛男。

唐太宗李世民

你也猛，你也猛。

群聊机器人

这里我就想到了薛举，在浅水原击败李世民的男人。

唐太宗李世民

他真的有点儿猛的，也不知道他为什么突然病逝，不然他乘胜直取长安，结局就真不好说了。

秦始皇嬴政

看到这儿，我突然想到了我儿子扶苏，如果我当初早点儿立太子的话……

秦二世胡亥

爹，都过多久了，没必要了吧？你当初如果把大哥立为太子，也没用啊。我觉得赵高、李斯还是可以弄个假的圣旨，让大哥自尽。

秦始皇嬴政

秦二世胡亥

怎么说呢，大哥当初能自尽一次，也能自尽第二次。

秦始皇嬴政

让你出来活动了？

汉高祖刘邦

细数一下我们现在这几个开国皇帝的儿子们，也就这个李世民做得最出色了。

隋文帝杨坚

确实。

秦始皇嬴政

+1。

唐太宗李世民

不敢不敢。

汉文帝刘恒

爹，你过分了。

汉高祖刘邦

汉文帝刘恒

我身为你的儿子，难道我不够优秀吗？

秦始皇嬴政

就是就是！他可是为"文景之治"奠定了基础。

汉高祖刘邦

我的意思是开国后的第二个皇帝。

汉惠帝刘盈

爹，你是在说我吗？你来试试！摊上这样的一个母后我能怎么办？

汉高祖刘邦

哎呀，我主要是想调侃他们的儿子不咋地。

秦始皇嬴政

确实，我儿子是个废物，我承认。

秦二世胡亥

打是亲骂是爱，我懂我懂。

晋武帝司马炎

我儿子是个憨憨，我也没办法。

唐太宗李世民

你们别这样，我也是一不小心就有了这么大的成就。既然话说到这儿了，那我就来给你们分享分享我的征战成果。

唐太宗李世民

大唐刚建国时，疆域只有中西部的一片，东边和南边都有不少割据势力，北边的大漠高原还被东突厥占着。

唐太宗李世民

等到我去世前，我不但统一了东南部，还把东突厥给灭了，北方大漠那一大片都是我大唐的了。

秦始皇嬴政

以前匈奴那个位置居然都被你占了吗？

秦始皇嬴政

回想一下我自己的疆域，突然不香了。

唐太宗李世民

只可惜啊！高句丽没有打下来啊。

群聊机器人

没事的，总会打下来的。

秦始皇嬴政

你剧透就没意思了。

唐太宗李世民

哦吼？那就太好了。

隋炀帝杨广

你也不太行啊。

唐太宗李世民

啧啧啧，你有啥资格说这话啊。

汉高祖刘邦

我大汉的疆域最大范围是谁打下来的？

汉宣帝刘询

应该是我那时候的版图最大吧，毕竟把西域纳入大汉版图了。

汉武帝刘彻

我真想要李世民说的那个版图，把匈奴打下来！就很爽！

汉宣帝刘询

可惜我只能让匈奴称臣却没打下来。后来乌孙内乱，变成了我们的附属国了。

新朝开国皇帝王莽

@汉宣帝刘询 我的版图跟你那时候差不多大吧。

汉光武帝刘秀

你也不想想你死后的版图，疆域就剩那么一点点了。

汉光武帝刘秀

还得靠我辛辛苦苦打回来。只可惜西域我没收回来。

新朝开国皇帝王莽

不愧是你！秀儿！

汉光武帝刘秀

我记得我有个子孙把西域也打回来了。

汉和帝刘肇

我我我！是我打回来了！

秦始皇嬴政

西域？你们怎么能打这么远啊！

晋武帝司马炎

我的应该勉勉强强吧，比汉和帝刘肇那时候略小一些。

魏武帝曹操

勉勉强强？

汉昭烈帝刘备

就勉勉强强？

吴大帝孙权

你在说什么？

隋炀帝杨广

@隋文帝杨坚 爹！我的版图比你大，而且比刘秀那时候还要大一些呢，哈哈哈哈哈！

隋文帝杨坚

就多个吐谷浑的地盘而已。你不搞事情，让我活久一点儿！换我来我也行。

唐太宗李世民

有啥用啊？后面不还是还回去了。

魏武帝曹操

真羡慕你们这些大一统啊！

汉昭烈帝刘备

羡慕，我们这儿就一块地还要三个人分。

吴大帝孙权

有一说一，江东还是舒服的啊。

魏武帝曹操

最气的就是便宜了那个姓司马的！

晋武帝司马炎

别骂我，要骂就骂我爷爷，是他给我争取的这个机会。

晋宣帝司马懿

啊？真有你的。

<   **华夏皇帝群（185）**   ···

公元666年

系统提示：太上玄元皇帝李耳进入群聊

秦始皇嬴政

我的老天爷啊！什么情况？

群聊机器人

李世民的儿子李治追封李耳为太上玄元皇帝。在唐朝，李耳被追认为李姓始祖，庙号为唐圣祖，而且道教是唐朝的国教。我看你们这几个这么喜欢研究长生不老，我就把他拉进来了。

汉武帝刘彻

偶像！世上真的有长生不老之术吗？！

唐太宗李世民

同问啊！

群聊机器人

李世民，你年轻的时候不是一点儿都不相信长生不老之说吗？有一种说法说你是因为吃长生丹药而暴疾，然后驾崩的。

唐太宗李世民

年轻的时候不懂事，人老了就突然害怕死亡了。

汉武帝刘彻

像我们这么强的人才会想着活久一点儿。

秦始皇嬴政

羡慕你还有药可以吃，徐福这个家伙带着三千童男童女出去后就没回来！

太上玄元皇帝李耳

只能说天机不可泄露。这群不适合我 …… 各位珍重！

系统提示：太上玄元皇帝李耳退出群聊

唐太宗李世民

没想到还有这样的福利……真的绝了！

唐高祖李渊

难以置信……

公元675年
系统提示：唐孝敬皇帝李弘进入群聊

唐太宗李世民

这是哪个啊？

唐孝敬皇帝李弘

爷爷！

唐太宗李世民

唐孝敬皇帝李弘

我是李治的太子啊。

唐太宗李世民

治儿没进来，你怎么就先进来了？

唐孝敬皇帝李弘

我也不知道啊，突然暴毙了。

群聊机器人

有传言说李弘是被武则天毒害的，但是现在普遍认为他死于肺结核。李治破例追加太子李弘为皇帝，这是唐朝建国以来父亲追谥儿子为皇帝的先例。

知识点

秦始皇嬴政

肺结核是个嘛玩意儿？

群聊机器人

你们称之为痨瘵。

唐太宗李世民

痨瘵就痨瘵嘛，还整什么肺结核，都看不懂。等等，武则天是谁啊？这名字好眼熟啊。

唐孝敬皇帝李弘

我母后啊。

唐太宗李世民

李治的太子妃不是姓王吗？

唐孝敬皇帝李弘

好像是有这么一个人来着，在我二三岁的时候被废为庶人了，然后被我母后给杀了……

唐太宗李世民

长孙无忌跟褚遂良在干吗呢？

唐孝敬皇帝李弘

这两个人好像是因为谋反案被贬了，结局都不太好。

唐太宗李世民

怎么可能？！

唐孝敬皇帝李弘

我听说是被诬告的。

华夏皇帝群（186）

公元683年

系统提示：唐高宗李治进入群聊

群聊机器人

李治勤于政事，故而"百姓阜安，有贞观之遗风"，史称"永徽之治"。

秦始皇嬴政

我发现一个问题！为什么现在进群的人称号用的是庙号，怎么不是谥号了？

群聊机器人

这个问题问得非常好，这就要说到一个人——武则天。

唐高宗李治

媚娘说"文皇帝"不足以表达我爹的伟大，更无法体现我的孝心，于是我就给我爹加谥文武圣皇帝。

唐太宗李世民

没毛病啊！这谥号很符合我。

群聊机器人

你以为这就结束了？这才刚开始。以后你的谥号被疯狂加，最后就变成文武大圣大广孝皇帝。

唐太宗李世民

就这？我还以为会很长呢。

群聊机器人

这还不够长吗？

唐太宗李世民

你是不知道我当初没当皇帝前的称号。

群聊机器人

你说一个来听听。

唐太宗李世民

大家好，我是天策上将、太尉、尚书令、陕东道大行台尚书令、益州道行台尚书令、雍州牧、蒲州都督、领十二卫大将军、中书令、上柱国、秦王李世民。

秦始皇嬴政

汉武帝刘彻

牛啊!

唐太宗李世民

封无可封,只有造反,呸,只有当皇帝了。

秦始皇嬴政

哟,还是秦王嘛。该!就应该当皇帝!

唐太宗李世民

我也不知道我爹怎么想的。

唐高祖李渊

可能是老了吧。

唐高宗李治

父皇,还有皇爷爷,我来给你们说说我这辈子的征战成果!我先后灭西突厥(公元657年)、灭百济(公元660年)、灭高句丽(公元668年)。

知识点

唐太宗李世民

高句丽?舒服了,舒服了!

唐太宗李世民

果然有其父必有其子!

群聊机器人

高宗时期唐朝版图最大，东起朝鲜半岛，西扩咸海（一说里海），北包贝加尔湖，南至越南中部，维持了三十二年。

秦始皇嬴政

这！比我那时大了三倍，后生可畏啊。

汉武帝刘彻

我不羡慕，我一点儿都不羡慕，如果我能活久一点儿，打败匈奴迟早的事！

群聊机器人

他还组织编定了《唐律疏议》，这部法典留存到一千多年后的21世纪，是那个时代留下来的最完整、最古老的一部典型的封建法典。

知识点

唐高宗李治

真是让人难以置信！

唐太宗李世民

长孙无忌跟褚遂良的事情我听说了，我需要一个解释。

唐高宗李治

这就说来话长了，大可不必解释了，我相信你会理解我的。

唐太宗李世民

唐高宗李治

> 最烦的就是经常头晕目眩，影响我处理政务。

群聊机器人

> 所以武则天乘机开始参与国家大事，这好像就是你们老李家的遗传病啊。

唐太宗李世民

> 等等！武则天 …… 是不是我的那个武才人？

唐高宗李治

我是真的慌了

华夏皇帝群（187）

公元690年

系统提示：周文王姬昌进入群聊

秦始皇嬴政

> 西伯侯？

群聊机器人

> 武则天自称为姬昌后代，追尊周文王姬昌为始祖文皇帝。

唐太宗李世民

她凭什么追谥别人为皇帝啊?

汉高祖刘邦

对啊,她又不是皇帝! 等等 …… 该不会 ……

唐太宗李世民

怎么可能,就凭她还想做皇帝? 当我李家是没人了吗?

周文王姬昌

这是哪里? 姬发灭了纣王没有?

群聊机器人

灭了灭了! 还建立了周王朝呢。

周文王姬昌

你们是什么人?

秦始皇嬴政

这要怎么解释啊 ……

群聊机器人

他们是几百年后的皇帝。

周文王姬昌

皇帝?

群聊机器人

知识点

周王朝后来分裂出很多个诸侯国,天子不能担负共主的责任，经常要向一些强大的诸侯求助，在这种情况下，强大的诸侯便自居霸主。看到那个叫秦始皇嬴政的没有，他在几百年后完成了大一统，认为自己功过三皇五帝，采用三皇之"皇"、五帝之"帝"构成"皇帝"的称号。

周文王姬昌

功过三皇五帝？吹牛的吧。

群聊机器人

有一说一，真的有这么牛。

汉高祖刘邦

他可是我们群里的大哥大呢。

周文王姬昌

算了，跟你们玩不来，走了走了。

系统提示：周文王姬昌退出群聊。

汉高祖刘邦

那么问题来了，你们说的那个武则天到底做了什么事呢？

秦始皇嬴政

期待期待！

公元705年

系统提示：则天大圣皇帝武则天进入群聊

群聊机器人

公元690年，武则天称帝，改国号为周，定都洛阳，称"神都"，建立武周。

知识点

汉高祖刘邦
意料之中啊。

唐太宗李世民
武才人？

唐高宗李治
皇后？

唐孝敬皇帝李弘
母后？

唐高宗李治
儿子，你怎么也在群里？

唐孝敬皇帝李弘
我去世那年就被拉进来了，上次看你在炫耀，我就没说话。

则天大圣皇帝武则天
哟，一家子人都在呢。

汉武帝刘彻

又是一个吕后吗？不对，比吕后还猛，居然还能当皇帝。

汉高祖刘邦

吕雉如果活到了这个年纪……怕不是也……说不准啊……

唐高宗李治

媚娘，这是怎么回事？

则天大圣皇帝武则天

我知道你很想我，所以特意进群来与你相会。

唐高宗李治

这么体贴的吗？爱了。

唐太宗李世民

你不是我的才人吗？我驾崩后你应该是去感业寺出家才对啊，怎么会变成我儿子的皇后？

秦始皇嬴政

你的才人？你儿子的皇后？

则天大圣皇帝武则天

这就要问问你的宝贝儿子了。

唐高宗李治

爹，这就说来话长了……

唐高宗李治

媚娘，你怎么当上皇帝了？

则天大圣皇帝武则天

有时候，人的命运就是这样的神奇，有谁能想到我们女人也可以当皇帝呢。

唐高宗李治

李显呢？

则天大圣皇帝武则天

被我废黜了。

唐高宗李治

这是为何？

则天大圣皇帝武则天

你儿子想任命韦皇后的爹韦玄贞为侍中，被裴炎阻止，然后说出了"朕即使把天下都给韦玄贞，又有何不可？还在乎一个侍中吗？"这样的话，你说我能不废了他吗？

唐太宗李世民

他可真大方啊，李治，这就是你培养的儿子？

唐高宗李治

我⋯⋯

群聊机器人

武则天废黜李显后，立李旦为帝。后来李旦迫于形势，上表请武则天称帝，并求赐武姓。

唐太宗李世民

求赐武姓？反了反了！

则天大圣皇帝武则天

没事啦，今年我把皇位又禅让给了李显了。

群聊机器人

公元705年，太子李显、宰相张柬之、崔玄暐等大臣在首都洛阳紫微城发动兵变，逼迫女皇帝武则天退位，复辟唐朝，史称"神龙政变"。

知识点

秦始皇嬴政

我厘清楚了！李治，你是不是把你爹给绿了？

汉高祖刘邦

哇哦，刺激！

隋文帝杨坚

@唐太宗李世民 小事小事，你表叔杨广也这样做过。当初就是他调戏我的妃子，我才看出了他的真面目。

隋炀帝杨广

谁让她长得那么美丽动人呢。

唐高宗李治

我跟媚娘是真爱！跟你们可不一样。

唐太宗李世民

看得我脑壳疼。

群聊机器人

杨百万啊杨百万。

隋炀帝杨广

杨百万是谁？

群聊机器人

说的就是你啊，我特意给你取的称号。当初你号称百万军队去攻打高句丽，结果呢？

吴大帝孙权

这个感受我懂我懂。你一个人顶十个我。

隋炀帝杨广

孙十万！

吴大帝孙权

杨百万！

则天大圣皇帝武则天

够了够了，两个大老爷们儿幼不幼稚！

唐高宗李治

就是就是。

群聊机器人

我突然想起，当初王皇后让你把武则天纳入宫中，本来是想打击萧淑妃的，可惜她做梦都没想到自己会因为这个女人被废了。

唐高宗李治

谁让媚娘最懂我呢。这样还可以顺便打击一下那些元老大臣的势力，不然我的权力一直受到限制。

唐太宗李世民

有啥用，最后还不是被她夺走了我们大唐江山！

唐高宗李治

后面不是又还回来了吗？当初我称天皇，媚娘称天后，我俩并称"二圣"，一起临朝。我时常头晕目眩，都是媚娘在处理朝政，她有经验的。

则天大圣皇帝武则天

主要还是你教得好，毕竟经常看你处理国家大事。

秦始皇嬴政

你们聊，我先吐一会儿。

隋炀帝杨广

萧淑妃这名字让我想起了我的萧皇后。

唐太宗李世民

表叔，你这就要谢谢我了。

隋炀帝杨广

唐太宗李世民

当初你驾崩后，萧皇后带领幼孙和皇室诸女，辗转于宇文化及、窦建德处，后来跟随义成公主前往东突厥，拥立你的孙子杨政道。李靖攻灭东突厥后，我把萧皇后接回长安，她去世后跟你合葬在了一处。

隋炀帝杨广

辗转这么多地方……苦了她了。

唐高宗李治

媚娘，说说你统治时期的疆域吧。

则天大圣皇帝武则天

这不太好吧！

唐太宗李世民

我倒要看看在你的执政下，我大唐现在是什么样了？

则天大圣皇帝武则天

好吧，我这会儿比之前少了大漠那一大片。

秦始皇嬴政

也就是匈奴那一块又没了？

则天大圣皇帝武则天

@唐高宗李治 你也知道，你驾崩之前后突厥就开始反叛了。后来我派王孝杰带兵出征，他们就投降归属了，过了没多久又反叛了！后来又投降了！没办法，他们就是这样反复变卦，受不了！

唐太宗李世民

这个大漠丢了我接受不了，感觉本来版图上边头发很茂密的，现在突然就秃掉了。

则天大圣皇帝武则天

你这说得不对，没有秃掉！应该是跟戴了假发一样，有时候在，有时候就被风吹走了。

秦始皇嬴政

绝了！

群聊机器人

武则天执政时期至武周建立后，与周边各国的局部小战争，时起时伏，以武周胜利为多。如果程务挺没有含冤被害，说不定突厥版图就不会这么大了。突厥对程务挺却非常敬佩，为其建立祠堂，每次出师征战，必先来此祈祷敬拜。

知识点

则天大圣皇帝武则天

这……

唐太宗李世民

胜利为多，为什么土地还丢这么多？

则天大圣皇帝武则天

问得好，我也想知道。

则天大圣皇帝武则天

我也做了很多事啊！知人善任，重视选拔人才，开创殿试、武举及试官制度，又是轻徭薄赋、与民休息，又是改革吏治。为保障陆上丝绸之路的畅通，积极收复安西四镇呢！

知识点

唐高宗李治

媚娘棒棒棒啊！

群聊机器人

你同时大肆诛杀唐朝宗室，兴起"酷吏政治"，晚年逐渐豪奢专断，渐生弊政。

唐太宗李世民

什么？！还害我宗室？！

则天大圣皇帝武则天

别气别气，这也是没办法的事情嘛。你可别忘了你孙子李显当初还说要把江山给岳父呢，我觉得我把大唐维持得应该还行吧。

群聊机器人

史学家郭沫若给武则天的评价是"政启开元，治宏贞观"。

知识点

唐太宗李世民

政启开元？

群聊机器人

后面你会懂，会懂的。

唐高宗李治

等我儿子进来，看看他做得咋样就有对比了。

群聊机器人

那我们不得不说一下武则天的面首们，一号薛怀义，二号沈南璆，三号张易之，四号张昌宗。

则天大圣皇帝武则天

这就没必要说出来了吧？

唐高宗李治

什么？

群聊机器人

不然守寡二十二年吗？

魏武帝曹操

哇哦。

唐高宗李治

今天又是难过的一天。

349

则天大圣皇帝武则天

难不成只许你们男的有一堆后宫吗？我有几个面首怎么了？好歹我也是皇帝。

魏武帝曹操

就是就是。

汉高祖刘邦

感觉后面这种应该会有很多，有一就有二，有二就有三四五六七八……

唐太宗李世民